MEIN PFERD LAHMT – WAS TUN?

Dr. med. vet. Jürgen Bartz

MEIN PFERD LAHMT – WAS TUN?

Lahmheiten von A bis Z
Ursachen, Behandlung und
Vorbeugung

Kosmos

Mit 21 Farbfotos von: Dr. Jürgen Bartz, Stuttgart (S. 72 unten links), Susanne Boretius, Berlin (S. 72 unten rechts), Irene Hohe, Lohndorf (S. 17 unten), Ina Kaufmann, Mönchengladbach-Rheydt (S. 18, 36 unten), Lothar Lenz, Cochem (S. 35 oben rechts, 54 unten), Edith Lipp, Horb (S. 35 unten), Julia Rau, Mainz (S. 35 oben links), Christof Salata, Esslingen (S. 36 oben links und rechts, 53 oben links und rechts, 53 unten links und rechts, 71 unten links und rechts, 72 oben), Daisuke Schneider, Reutlingen-Betzingen (S. 17 oben), Edgar Schöpal, Düsseldorf (S. 71 oben), Sabine Stuewer, Darmstadt (S. 54 oben), sowie 33 s/w-Illustrationen von Cornelia Koller, Lüllau.

Umschlaggestaltung von Atelier Reichert, Stuttgart, unter Verwendung von Fotos von Christof Salata, Esslingen.

Die Deutsche Bibliothek – CIP-Einheitsaufnahme

Bartz, Jürgen:
Mein Pferd lahmt – was tun? : Lahmheiten von A – Z ; Ursachen, Behandlung und Vorbeugung / Jürgen Bartz. - Stuttgart : Kosmos, 1998
    ISBN 3-440-07463-3

© 1998, Franckh-Kosmos Verlags-GmbH & Co., Stuttgart
Alle Rechte vorbehalten
ISBN 3-440-07463-3
Printed in Germany/Imprimé en Allemagne
Satz: TypoDesign, Würzburg
Druck und Binden: Huber KG, Dießen

Mein Pferd lahmt – was tun?

Grundlagen

Dauerproblem Lahmheit

Dieses Buch trägt den Titel »Mein Pferd lahmt – was tun?«.

Trotzdem werden natürlich nicht nur solche Krankheiten besprochen, die unmittelbar zu einer Lahmheit führen, sondern auch sonstige Störungen in der Fortbewegung des Pferdes und Gesundheitsprobleme an den Beinen, die Reitern und Pferdehaltern häufig Grund zur Besorgnis geben oder schwer einschätzbar sind.

Das Buch möchte selbstverständlich nicht zur Eigenbehandlung ermutigen, wohl aber die Krankheit des Pferdes und das Vorgehen des Tierarztes transparenter machen. Damit ist dem Reiter und Pferdehalter die Möglichkeit gegeben, sich zusätzlich zur Behandlung seines Pferdes noch einmal in Ruhe über das Krankheitsbild zu informieren. Aber auch im Vorfeld des Tierarztbesuches kann das Buch schon nützlich sein: für die richtige Einschätzung der Situation und das Ergreifen wichtiger Maßnahmen.

Selbstverständlich können im Rahmen dieses Buches nicht alle Probleme am Bewegungsapparat des Pferdes besprochen werden. Die Auswahl der vorgestellten Krankheitsbilder richtet sich nach deren Häufigkeit in der tierärztlichen Praxis und versucht, typische Wissenslücken gezielt zu schließen. Auch kann jeweils nur ein Grundlagenwissen zur schnellen Übersicht vermittelt werden. Detaillierte Informationen entnimmt man mit Vorteil den umfangreicheren Standardwerken zu diesem Thema.

Letztlich gilt in der Medizin, daß jeder Patient individuell behandelt werden muß. Der gewissenhafte Pferdehalter wird sich daher genau an die Empfehlungen des behandelnden Tierarztes für den Einzelfall halten.

Probleme am Bewegungsapparat betreffen nahezu jedes Pferd. Dabei werden geringfügige Störungen in Form von Steifheit und mangelnder Elastizität der Gänge beobachtet, aber auch schwere Lahmheiten mit Schmerzzuständen und völligem Funktionsverlust. Die Übergänge zwischen diesen Stadien sind oft fließend.

Wie viele andere Erkrankungen, sind auch Bewegungsstörungen überwiegend durch die von den natürlichen Gegebenheiten weit entfernte Haltung und Nutzung des Pferdes bedingt. Erschwerend kommt hinzu, daß die exakte Diagnostik von Lahmheiten in der Tiermedizin zwar weit entwickelt, die anschließende Therapie jedoch oft noch unbefriedigend ist.

Lahmheit – eine Definition

Aus den zahlreichen Definitionen, die für den Zustand der Lahmheit getroffen worden sind, lassen sich zwei Grundprinzipien erkennen:

Lahmheit bedeutet eine Funktionsstörung, die eine oder mehrere Gliedmaßen betrifft und in der Ruhe oder während der Bewegung auftritt, und sie ist durch einen schmerzhaften Zustand oder eine mechanische Behinderung bedingt.

Daraus kann der Pferdehalter und Reiter zwei Folgerungen ziehen:

Einerseits bedroht jede Lahmheit die Nutzung des Pferdes, und andererseits ist eine Lahmheit immer mit Schmerzen für das Pferd verbunden und schnellstmöglich zu behandeln.

Daher kommt der Vorbeugung, der Prophylaxe, eine besondere Bedeutung zu, nicht zuletzt deshalb, weil sie dem Pferdehalter selbst die Möglichkeit gibt, bereits im Vorfeld auf den Gesundheitszustand seines Tieres positiv einzuwirken und damit Verantwortung zu übernehmen. Nur der gut informierte Reiter ist aber in der Lage, Störungen am Bewegungsapparat gezielt vorzubeugen und Behandlungsmaßnahmen des Tierarztes sinnvoll zu unterstützen. Dazu möchte dieses Buch beitragen, nicht jedoch zur Eigentherapie und zur Verschleppung einer erforderlichen Diagnosestellung durch den Tierarzt.

Lahmheitsformen

In der Tiermedizin werden vier Formen der Lahmheit unterschieden:

Stützbeinlahmheiten treten während der Belastung des Beines in Erscheinung. Zur Reduzierung des auftretenden Schmerzes belastet das Pferd das erkrankte Bein nur kurz und verlagert das Körpergewicht baldigst auf die gesunde Gliedmaße. Dadurch entsteht eine nickende Bewegung des Kopfes auf das gesunde Bein und damit die Erkennungsregel:

Das Pferd fällt auf das gesunde Bein.

Stützbeinlahmheiten treten bei Pferden häufiger auf als Hangbeinlahmheiten. Ihnen liegen besonders oft Veränderungen an Knochen, Gelenken, Hufen und Beugesehnen zugrunde.

Die selteneren *Hangbeinlahmheiten* erschweren das Vorführen der Gliedmaße und verkürzen daher die Bewegungsphase des erkrankten Beines. Sie werden in der Regel durch Probleme der Muskeln, Schleimbeutel und Strecksehnen verursacht.

Von einer *gemischten Lahmheit* spricht man, wenn beide Störungskomponenten in der Bewegung zu erkennen sind.

Die vierte Kategorie wird als *nicht primär lokalisierbare* oder *begleitende Lahmheit* bezeichnet. Ein typisches Beispiel sind Schmerzen im Bereich der Rückenmuskulatur, die das Pferd zu einem unsymmetrischen Gang zwingen und damit den Verdacht auf eine Erkrankung der Beine nahelegen, obwohl die eigentliche Ursache eine andere ist. Besteht der Schmerz im Rückenbereich längere Zeit, kann die Fehlbelastung auch zu tatsächlichen Dauerschäden der Gliedmaßen führen.

Das Risiko für eine begleitende Lahmheit besteht auch immer dann, wenn lahme Pferde nicht rechtzeitig und konsequent ruhiggestellt werden. Durch Schonen des kranken Beines wird das gegenseitige gesunde Bein überlastet und kann Schäden davontragen. Über diesen Mechanismus erklären sich unter anderem Überlastungsrehen nach Verletzungen oder schmerzhaften Operationen. Belasten die Patienten das erkrankte Bein für mehrere Tage fast gar nicht und verlagern ihr gesamtes Körpergewicht daher auf das bislang gesunde Bein, kann dieses ebenfalls erkranken.

Der Pferdefuß – ein anatomisches Wunder: Das gesamte Körpergewicht ruht auf der Spitze einer einzigen Zehe.

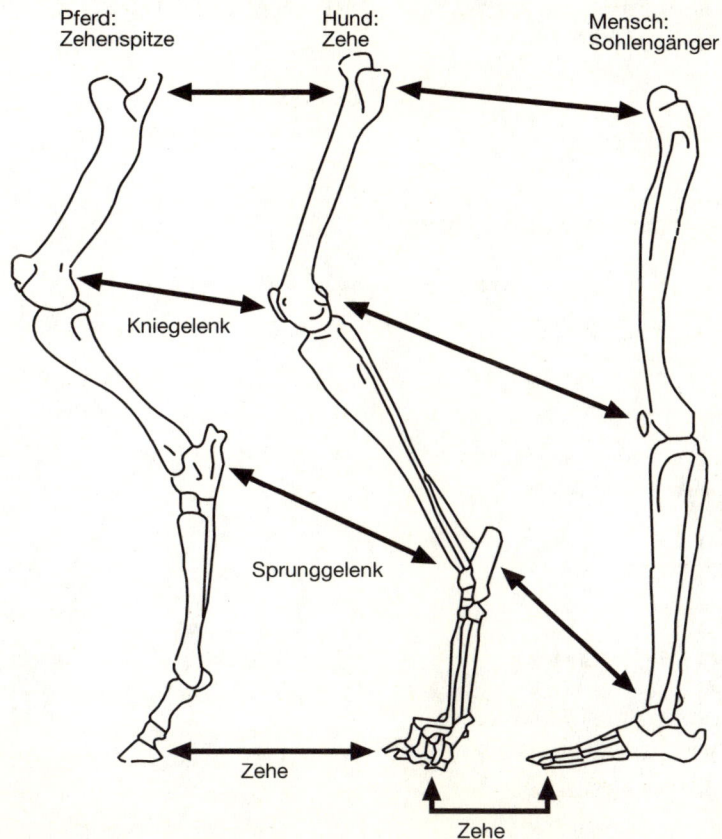

Pferd:
Zehenspitze

Hund:
Zehe

Mensch:
Sohlengänger

Kniegelenk

Sprunggelenk

Zehe

Zehe

Kleine Anatomie

Kompliziert – das Pferdebein

Das heutige Pferd ist ein Zehenspitzengänger und hat daher ein hoch spezialisiertes Bein. Jede außergewöhnliche Differenzierung eines Organs führt jedoch in der Regel auch zu vermehrter Anfälligkeit. Aufgrund einer günstigeren Beinanatomie leiden etwa Hunde auch bei intensiver Laufarbeit vor dem Schlitten in viel geringerem Maße unter Bewegungsstörungen als ähnlich belastete Pferde. Sogar die schwergewichtigen Arbeitselefanten haben keine nennenswerten orthopädischen Probleme. Daß der Mensch das Pferd gerade zu bewegungsintensiver Nutzung heranzieht und damit einen seiner schwächsten Punkte besonderer Belastung aussetzt, gibt dem Problem der Lahmheit ein solch großes Gewicht.

Außer in der knöchernen Grundlage unterscheidet sich das Pferdebein in weiteren Besonderheiten von den Gliedmaßen anderer Haustiere und des Menschen. Zunächst fällt auf, daß der untere Beinabschnitt nur aus Knochen, Sehnen, Haut und Blutgefäßen mit Nervenbahnen besteht. Es fehlen das

Knochen des Vorderbeins

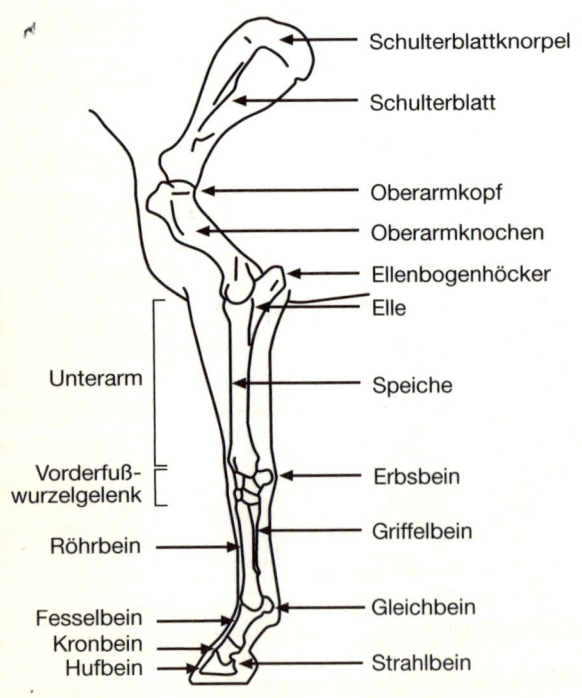

- Schulterblattknorpel
- Schulterblatt
- Oberarmkopf
- Oberarmknochen
- Ellenbogenhöcker
- Elle
- Unterarm
- Speiche
- Vorderfußwurzelgelenk
- Erbsbein
- Röhrbein
- Griffelbein
- Fesselbein
- Gleichbein
- Kronbein
- Hufbein
- Strahlbein

Knochen des Hinterbeins

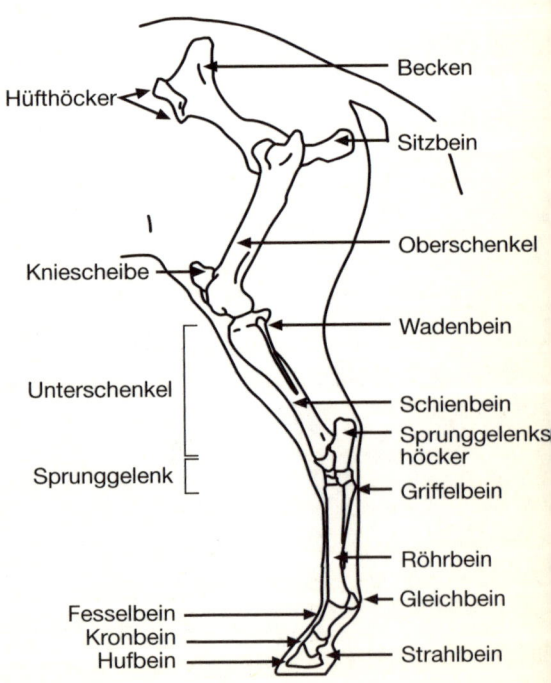

- Becken
- Hüfthöcker
- Sitzbein
- Oberschenkel
- Kniescheibe
- Wadenbein
- Unterschenkel
- Schienbein
- Sprunggelenkshöcker
- Sprunggelenk
- Griffelbein
- Röhrbein
- Gleichbein
- Fesselbein
- Kronbein
- Hufbein
- Strahlbein

Richtiges Reiten: Das Pferd ist im Gleich-gewicht, der Reiter sitzt über dem Schwer-punkt des Pferdes.

Bindegewebe und die muskuläre Polste-rung, die etwa dem menschlichen Bein bis zum Fußknöchel weitere Stabilität und den empfindlichen Blutgefäßen und Knochen Schutz vor Verletzungen bietet.

Betastet man das Bein eines Pferdes im Vergleich zu demjenigen eines Hun-des, so bemerkt man eine deutlich ge-ringere Elastizität und Flexibilität bis in den Zehenbereich hinein. Bewegungs-bedingte Stöße und Druckveränderun-gen werden also einerseits von der Gliedmaßensäule des Pferdes nahezu ungebremst auf den Körper übertragen; eine Stoßdämpfung findet nur an den stärker gewinkelten Hinterbeinen statt sowie in geringem Maße durch die elastisch-muskulöse Verbindung des

Schulterblattes mit dem Rumpf und den Hufmechanismus des unbeschlagenen Pferdes. Andererseits wirken Stau-chungseffekte und Scherkräfte auf die zwischen dem harten Untergrund und dem Gewicht des massigen Rumpfes eingespannten Beine besonders stark ein. Bereits diese anatomischen Merk-male zeigen deutlich, daß Pferde von der Natur nicht für das Überwinden von Hindernissen, aber auch nicht für die schnelle Fortbewegung auf hartem Bo-den vorgesehen sind.

Erschwerend, auch mit Blick auf die reiterliche Nutzung, wirkt die ungleiche Verteilung des Körpergewichtes zwischen Hinter- und Vorderbeinen. Die Vorderbeine tragen etwa 55 Prozent des Körpergewichtes und bei ungünstigem Reitstil auch dasjenige des Reiters überproportional stark.

Bodenständige Basis – der Huf

Daß einige Lahmheiten direkt im Bereich der Hufkapsel entstehen können, ist weithin bekannt und akzeptiert. Jeder Reiter denkt dabei sofort an die Hufrehe, an Hufabszesse und Hufrollenentzündung.

Bedeutsamer aber und oft genug nicht berücksichtigt sind die zahlreichen Probleme, die von ungepflegten, falsch gestellten und ungünstig beschlagenen Hufen ausgehen. Das statische und dynamische Gleichgewicht des gesamten Beines wird auch durch kleine Fehlstellungen des Hufes auf Dauer beträchtlich geschädigt.

Hufformen, Vorderansicht: regelmäßig, eng, weit

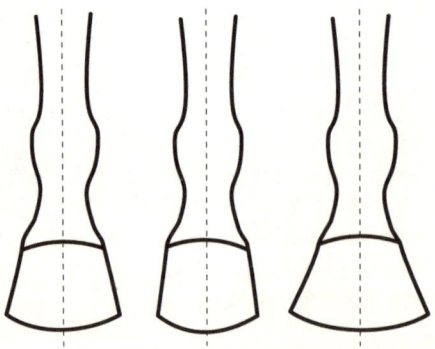

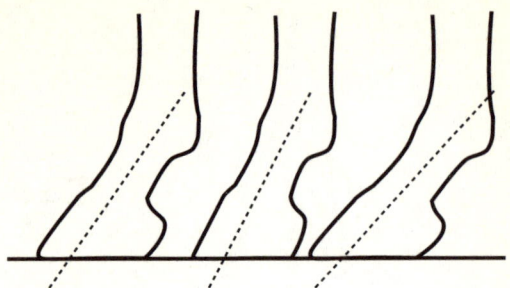

Hufformen, Seitenansicht: regelmäßig, stumpf, spitz

Die daraus resultierende unregelmäßige Belastung der Knochen, Knorpel, Gelenkkapseln und Sehnen führt zu vorzeitigem Verschleiß und in der Folge zu Lahmheiten mit Reituntauglichkeit. Bekannt sind Überlastungen der Beugesehnen und der Hufrolle durch zu lange, spitzwinklige Hufe, deren Achse nicht mit derjenigen der Fesseln übereinstimmt. Aber auch alle übrigen Arten von Deformationen im Bereich von Hufwand, Eckstreben und Sohlenhorn können das Pferdebein auf Dauer schädigen.

Obwohl der Barhuf für fast alle Pferde als gesündeste Fortbewegungsform bezeichnet werden kann, muß er dennoch sorgfältig gepflegt und regelmäßig von einem erfahrenen Hufschmied korrigiert werden. Aus Mangel an ortsnah verfügbaren guten Schmieden, aber auch aus reiner Sparsamkeit neigen Besitzer barfußgehender Pferde gelegentlich dazu, die Hufpflege selbst zu übernehmen. Dagegen ist bei entsprechender Sachkenntnis nichts einzuwenden. Trotzdem ist eine regelmäßige

Kontrolle durch den Schmied von Zeit zu Zeit erforderlich, damit aus nicht erkannten oder handwerklich mangelhaft korrigierten geringen Fehlstellungen keine größeren Probleme erwachsen.

Sinnvolle Hufpflege

Der Huf des Pferdes lebt, er ist kein toter Hornklumpen, deshalb muß er auch sorgfältig behandelt werden.

Wesentlich ist ein möglichst ausgewogener Feuchtigkeitsgehalt. Das Horn darf im Sommer nicht völlig austrocknen und brüchig, während der nassen Jahreszeit aber auch nicht zu feucht und damit weich-bröcklig werden. Die Toleranzzonen sind nicht nur individuell unterschiedlich, sondern auch rassebedingt: Das Fjordpferd wird längere Nässeperioden besser verkraften, der Araber trockene Wärme.

Während der Schutz vor Feuchtigkeit durch drainierte Ausläufe und trockene Boxeneinstreu leicht zu kontrollieren ist, unterscheiden sich die Meinungen der Fachleute bei der Beurteilung der Maßnahmen, die Feuchtigkeit in trockene Hufe bringen können. Hier wird sowohl die Wasseranwendung als natürlichste Vorgehensweise propagiert als auch das Auftragen von Fetten oder

Barfuß oder Beschlag: keine Glaubensfrage

Das Hufwachstum ist auf den natürlichen Abrieb im Tragrandbereich eingestellt. Überwiegt aber der Abrieb durch reiterliche Nutzung oder schlechtes Hornwachstum den Nachschub, kann man das Pferd entweder bis zur Regeneration nicht mehr reiten, oder es muß ein Hufschutz angewendet werden.

Hier gibt es zahlreiche Möglichkeiten, die an dieser Stelle nicht ausgeführt werden können. Der eigentliche Beschlag, also die Befestigung mit Nägeln, ist als notwendiges Übel zu betrachten und nach Möglichkeit zu vermeiden, da er die Gesundheit des Hufes auf lange Sicht beeinträchtigen kann.

Der korrekte Hufbeschlag sollte den Hufmechanismus möglichst wenig stören, er sollte leicht sein, griffig und stoßdämpfend. Für die meisten reiterlichen Belange sind dazu die modernen Kunststoffbeschläge ideal, obwohl sie von Schmieden und Tierärzten teilweise immer noch abgelehnt werden.

Nie darf man sich jedoch aus dogmatischen Gründen dazu verleiten lassen, sein Pferd trotz mangelnder Hornsubstanz ohne Hufschutz weiter zu reiten. Die Praxis der Tierärzte und Hufschmiede zeigt leider, daß immer wieder Pferde mit völlig abgelaufenem Tragrand und oft sogar bereits ausgedünntem Sohlenhorn wie auf Nadeln daherlaufen, jeden steinigen Weg vermeidend und nur auf Grasboden zu schnellerer Gangart zu veranlassen. Neben der erhöhten Gefahr für Hufabszesse und Lederhautprellungen entstehen auf diese Weise auch schmerzbedingte Verspannungen im gesamten Körper. Dieses Vorgehen des Reiters verdient nur eine Bezeichnung: Tierquälerei.

eine Kombination aus beidem. Da Hufhorn der verhornten Oberhaut des Körpers ähnlich ist und jeder leicht bestätigen kann, daß rauhe, trockene Hände nicht durch Wasser, sondern durch Fettanwendung wieder geschmeidig werden, liegt die Antwort eigentlich auf der Hand. Neuere physiologisch-chemische Untersuchungen belegen, daß ein verdunstungsbedingter Transport von natürlichen Pflegestoffen aus dem Inneren des Hufes an die Hornoberfläche stattfindet. Dort verdunsten die wasserlöslichen Anteile, während die fettlöslichen auf der Hufwand verbleiben und diese versiegeln. Eben dieser Vorgang kann durch das Auftragen von gutem Huffett verbessert und damit das Horn gestärkt werden.

Am wichtigsten ist aber offenbar, die Glasurschicht auf der Außenseite des Hufes zu schonen, indem man den Huf, wenn dies überhaupt erforderlich ist, grundsätzlich nur naß säubert und auch dann nie mit Bürsten, sondern mit einem weichen Tuch. Besonders gefährlich für die Qualität des Hufhorns ist auch eine nasse, jauchige Einstreu.

Um sein Pferd möglichst lange barhufig reiten zu können, sollte es sich in einem Haltungssystem bewegen können, das sehr unterschiedliche Oberflächenstrukturen aufweist. Sandige Flächen und Weiden, aber auch gepflasterte Anteile des Auslaufs sollten sich abwechseln. Zusammen mit der bewegungs- und damit durchblutungsfördernden Wirkung einer Offenstallhaltung regt man das Hufhorn zu optimalem Wachstum an. Ungünstig ist es hingegen, wenn Pferde durchgehend auf weichen, feuchten Weiden stehen, zum Reiten dann aber sandige oder steinige Wege zu bewältigen haben.

Lahmheit und Exterieur

Ein gut proportioniertes, korrekt gebautes Pferd hat gute Voraussetzungen für einen harmonischen Bewegungsab-

Stellung des Hufs zum Fesselstand: passend, Huf nach außen abgeknickt, Huf nach innen abgeknickt

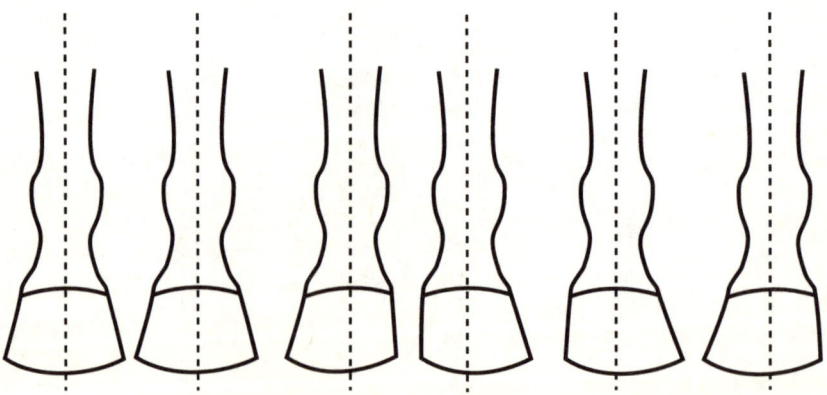

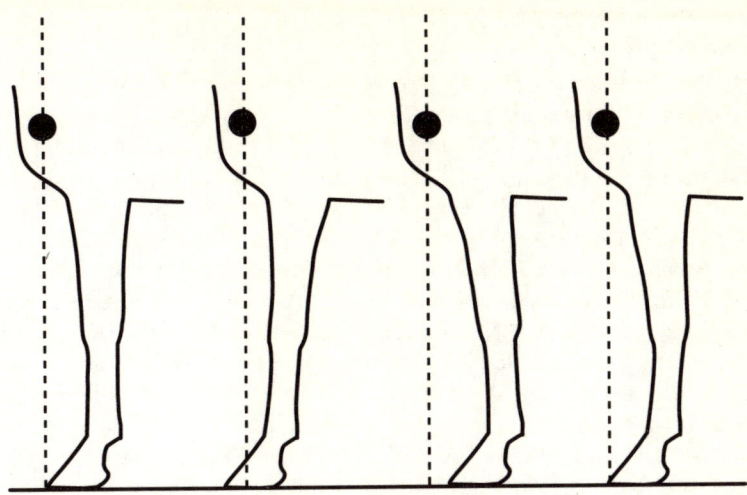

Oben: Seitenansicht des Vorderbeins: regelmäßig, vorständig, rückständig, vorbiegig

Unten: Korrekte Beinachsen mit regelmäßi-
ger Stellung

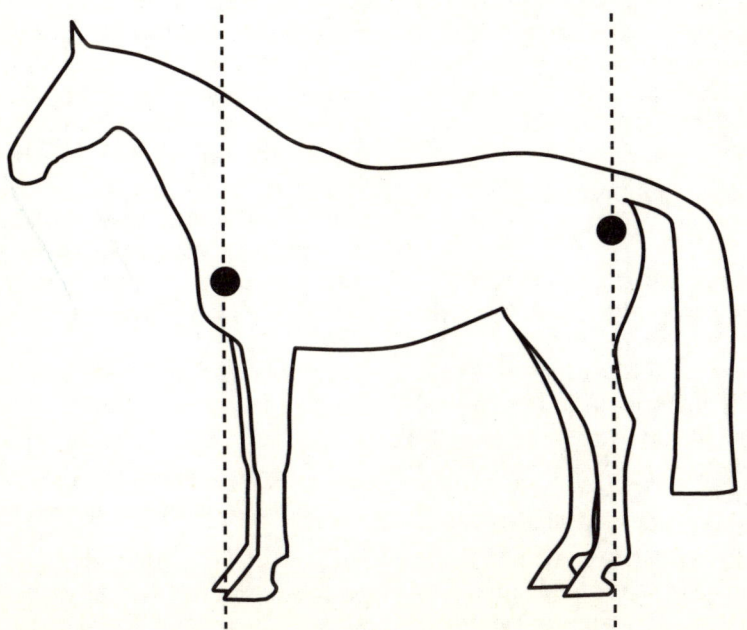

lauf und wird daher neben einem höheren Leistungsvermögen auch eine geringere Anfälligkeit für Lahmheiten zeigen. In diesem Zusammenhang ist die Beschaffenheit des Rumpfes – Rückenlänge, Halsansatz, Kruppenform, Brustumfang, Sattellage – von geringerer Bedeutung als die Anatomie der Beine: Fehlstellungen der Gliedmaßen können zu übermäßiger Belastung einzelner Beinabschnitte führen und Lahmheiten Vorschub leisten. Achsenfehler und Abweichungen von der idealen Winkelung sind in vielfältiger Form bekannt, beispielsweise boden- und zehenenge Stellung, Vor- und Rückbiegigkeit, Säbelbeinigkeit und Kuhhessigkeit.

Dennoch ist es von großer Bedeutung, diese Eigenheiten jeweils in bezug zu Rassestandard und Verwendungszweck zu stellen und entsprechend zu relativieren. Kuhhessigkeit etwa liegt bei Island- und norwegischen Fjordpferden häufig vor, ohne deren Einsetzbarkeit zu begrenzen oder zu direkt daraus ableitbaren medizinischen Problemen zu führen.

Ganz oben, ganz wichtig: der Rücken

Dachten Reiter und Pferdehalter im Zusammenhang mit dem Auftreten von Lahmheiten früher nur selten an den Rücken, so ist diese Körperregion mittlerweile in den Mittelpunkt des Interesses gerückt. In der Tat kann sich ein Pferd mit verspanntem, schmerzendem Rücken nicht losgelassen und frei bewegen, und viele vermeintlich im Beinbereich lokalisierte Lahmheiten haben ihren wirklichen Grund in Rückenproblemen, wobei es nicht immer unbedingt die sogenannten *Kissing Spines* (schmerzhafte Berührungen der Dornfortsätze der Rückenwirbel) sein müssen, die Probleme bereiten.

Während in diesem Punkt noch Übereinstimmung herrscht, gerät die Ursachenforschung für Rückenschmerzen des Pferdes oft zu einer peinlichen Veranstaltung. Selten sind nämlich hier anatomische Probleme des Patienten die letztliche Ursache, sondern fast immer reiterliche Fehler:

Die Wirbelsäule des Pferdes ist nicht zum Tragen eines Reitergewichtes konzipiert. Mutet man es ihr dennoch zu, muß der Reitstil die Haltung des Pferdes so beeinflussen, daß die kräftige und trainierbare Muskulatur der Hinterhand das Gewicht von Pferd und Reiter überwiegend aufnimmt, damit Vorderbeine samt Rücken von punktuellem Druck entlastet werden. Über die Wege zur Erreichung dieses Zieles durch eine entsprechende reiterliche Versammlung des Pferdes besteht weitgehende Einigkeit, obwohl einige Meinungen die Versammlung als nicht natürliche Einflußnahme ablehnen. Gefährlich ist mit Sicherheit eine dilettantisch und womöglich mit Hilfszügeln erreichte bloße Anwinkelung des Halses zur Erzeugung eines optisch gefälligen Eindrucks, die mit wirklicher Versammlung natürlich nichts gemein hat.

Oben: Die freie Bewegung in der Herde sorgt für einen belastungsfähigen Bewegungsapparat.
Unten: Klare trockene Beine und Gelenke, gute Kondition und ein wacher Blick – so sehen leistungsfähige Pferde aus!

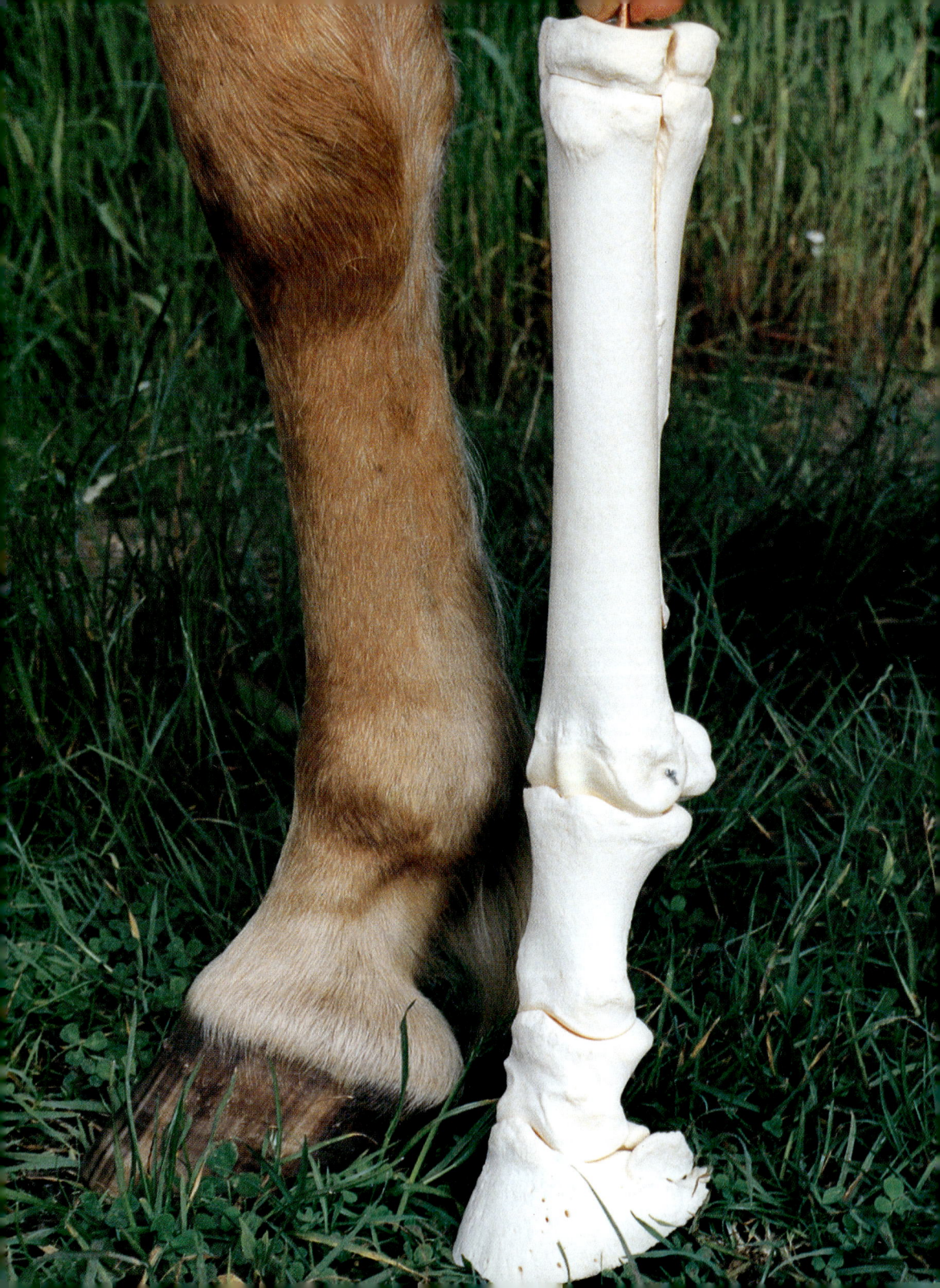

Lahmheit im Alltag

Lahmheit und Training

Ein Blick in das physiologische Grundwissen lehrt unmißverständlich, daß alle Gewebeformationen des Körpers ständigen Umbauprozessen unterworfen sind: Blutkörperchen werden produziert, sterben nach einer gewissen Lebensdauer, werden abgebaut und durch neue ersetzt. Auch die Knochenzellen sind ständigen Veränderungen unterworfen.

Training bedeutet, den Körper an höhere Anforderungen anzupassen, und dies beginnt auf der Ebene der Körperzellen. Im Bereich der Gliedmaßen haben die bindegewebigen Strukturen besondere Bedeutung, etwa Sehnen, Bänder und Gelenkkapseln. Auch die Festigkeit der Knochensubstanz, vor allem aber des Gelenkknorpels, ist wichtig. Durch Trainingsreize werden die ursprünglichen Gewebe bei ihrem natürlichen Austausch (man spricht auch von der Zellmauser) durch leistungsfähigere ersetzt.

Das Trainingsergebnis ist umkehrbar. Bleiben entsprechende Reize längere Zeit aus, werden die feingeweblichen Strukturen wieder reduziert. Der Vorgang läßt sich beim Menschen an der Rückbildung der Muskulatur eines ruhiggestellten Beines eindrucksvoll beobachten.

Ein wesentlicher physiologischer Zusammenhang wird von Reitern und Pferdehaltern immer wieder übersehen: Je kürzer die Intervalle sind, in denen die Zellmauser eines Gewebes abläuft, je schneller also das komplette Gewebe einer anatomischen Funktionseinheit einmal vollständig ausgetauscht ist, um so schneller kann es sich an erhöhte Belastungen anpassen. Skelett- und Herzmuskulatur etwa läßt sich schnell aufbauen und damit die Kondition des Pferdes gut verbessern.

Die typischen Schwachpunkte bei der Aufbauarbeit eines Pferdes liegen aber im Bereich der schlecht mit Blut versorgten und sich daher nur langsam erneuernden Sehnen, Knorpel und Bänder. Diese brauchen nicht nur deutlich länger, um wachsende Anforderungen ohne Schaden zu überstehen. Sie werden außerdem oft zusätzlich durch eine

Sehnen am Pferdefuß

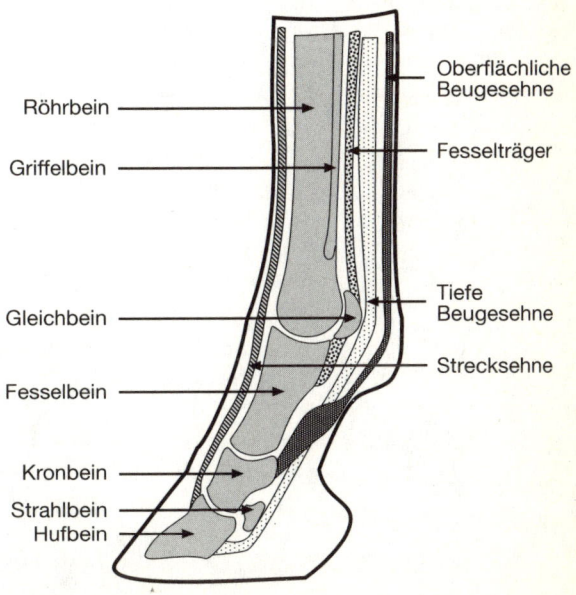

Röhrbein — Oberflächliche Beugesehne

Griffelbein — Fesselträger

Gleichbein — Tiefe Beugesehne

Fesselbein — Strecksehne

Kronbein

Strahlbein
Hufbein

Links: Das Pferd ist ein hochspezialisierter Zehenspitzengänger.

überproportional gut entwickelte und damit leistungsfähigere Laufmuskulatur belastet. Auch daraus können Lahmheiten entstehen.

Lahmheit – sichtbare Folge einer Überlastung

Von wenigen Formen einer rein mechanischen Einengung der Beweglichkeit abgesehen, gilt:

Lahmheiten sind durch Schmerzen bedingt, stellen also eine Warnung des Körpers vor weiterer, nicht dem augenblicklichen Leistungsvermögen angepaßter Belastung dar.

In Abhängigkeit von der Nutzung des Pferdes treten bestimmte Lahmheiten als typische Erkrankung auf, etwa die Hufrollenentzündung des Springpferdes, der Spat der Dressurpferde und verschiedene Sehnenprobleme bei Trabern und Galoppern. Darüber hinaus ist jedes überforderte Pferd ein potentieller Lahmheitskandidat.

Während sich das schlecht oder zu schnell trainierte Pferd mit einer relativ zu hohen Belastung konfrontiert sieht, ist natürlich auch eine absolute Überforderung des austrainierten Pferdes möglich. Dann ist der Körper an die Grenzen seines Anpassungsvermögens gestoßen, und die geforderte Leistung muß diesem Umstand Rechnung tragen. Geschieht dies nicht, werden Gewebe geschädigt, der Patient reagiert mit dem Warnsignal des Schmerzes. In einigen Fällen kommt dieses Signal zu spät, der Schaden ist dann bereits irreparabel.

Die häufig geführte Debatte über den rechten Zeitpunkt, zu dem ein junges Pferd antrainiert und eingeritten werden sollte, wird selten unter medizinischen Aspekten, sondern für gewöhnlich unter solchen der Wirtschaftlichkeit betrachtet. Fest steht:

Biologisch erwachsen ist ein Pferd erst mit fünf bis sechs Jahren, und erst dann sollte man von dem Tier die Leistung eines Erwachsenen fordern.

Eine aus der Sportphysiologie des Menschen übernommene Trainingshypothese besagt dagegen, daß eine frühzeitige Anpassung des Körpers an bestimmte Belastungen das spätere Leistungsvermögen auch des erwachsenen Pferdes verbessert. In diesem Zusammenhang wird auf menschliche Spitzenathleten verwiesen, die sich auch nicht erst im zwanzigsten Lebensjahr für eine bestimmte Sportart entscheiden, sondern bereits als Kinder entsprechend trainieren. Eine Übertragbarkeit dieser Annahme auf das Pferd ist vor allem insofern kritisch, als Pferde lebenslange Berufssportler sind, während Menschen ihre Karriere im Spitzensport in vergleichsweise geringem Lebensalter bereits beenden, nicht selten gerade deshalb, weil sie körperlich ausgebrannt sind.

Offenbar ist das richtige Augenmaß entscheidend, dessen Vorhandensein bei Zweijährigen-Rennen aber sicher in Frage gestellt werden kann.

Islandpferde hingegen werden, vor allem mit Hinweis auf deren Spätreife, traditionell erst mit Vollendung des fünften Lebensjahres eingeritten, um dann besonders lange und gesund ihren Dienst zu versehen. Konsequenterweise müßte man diese Forderung dann aber auch für Fjordpferde und andere nördliche Robustpferde erheben, die dem Islandpferd ähnlich sind. Auch wird bei dieser Betrachtungsweise oft unterschlagen, daß sich das traditionelle Leben des Islandpferdes von dem Dasein eines kontinentaleuropäischen Kollegen in weiteren bedeutsamen Punkten unterscheidet: Die Tiere haben häufige Reitpausen, lange Ritte werden in der Regel mit Hand- und Wechselpferden vorgenommen, und für viele Pferde bricht im Winter eine Phase des fast ausschließlichen Weidegangs an.

Als weitere Voraussetzung für robuste, langlebige Pferde erweist sich die artgerechte, bewegungsreiche Haltung im Freien und vor allem die mit deutschen Verhältnissen überhaupt nicht vergleichbare Zuchtselektion der Isländer, die einen erheblichen Teil ihrer Pferde der Schlachtung zuführen und damit leistungsschwache Tiere ausmerzen.

Bieten mehrgängige Pferde Tölt und ähnliche Gangvarianten von Natur aus oder nach geringem Training willig an, so ist bei deren maßvoller Nutzung vermutlich mit keiner vermehrten Belastung des Bewegungsapparates zu rechnen. Gelegentlich werden zur besseren Präsentation dieser Gangarten aber auch künstliche Hilfsmittel benutzt, etwa Gewichte an den Hufen, Keile zur Veränderung der Hufwinkelung oder über dem Kronsaum befestigte Ketten. Solche Manipulationen verstoßen nicht nur teilweise gegen den Tierschutzgedanken, sie ziehen auch negative Folgen für die Beingesundheit der Pferde nach sich. Künstlich veränderte Hufwinkelungen können Beugesehnen und Hufrollenmechanismus überlasten, und jede Form erzwungener Bewegungsmuster des Pferdes führt leicht zu schmerzhaften Verspannungen im Rückenbereich mit nachfolgender Lahmheit.

Züchten oder vermehren?

Lahmheiten bedeuten eine relativ zur Belastungsanforderung bestehende Schwäche des Bewegungsapparates. Wenn es auch wahr ist, daß man selbst das robusteste Pferd durch überzogene Anforderungen lahm reiten kann, so sollte es dennoch ein Zuchtziel sein, die Gesundheit dieses für ein Reitpferd

Gelenkknorpel

Der knorpelige Überzug der knöchernen Anteile eines Gelenks soll, zusammen mit der Gelenkschmiere (*Synovia*), eine leichtgängige, gleitende Beweglichkeit ermöglichen. Erhöhte Belastung verstärkt den Abrieb des Knorpels ebenso wie eine dieser Belastung nicht angepaßte, zu geringe Produktion der Gelenkschmiere. Dann kann der Knochen unter dem Knorpel freigelegt werden, bevorzugt im Randbereich des Gelenks. Es entstehen Entzündungen, die im ungünstigsten Fall zu einer Arthrose und damit der weitgehenden Reituntauglichkeit des Pferdes führen können. Dieser Prozeß kann entstehen
a) bei plötzlicher Überlastung mangelhaft trainierter Pferde oder
b) durch dauernde Höchstbelastung über die individuelle Leistungsgrenze hinaus.

wichtigen Organsystems nach Möglichkeit zu stabilisieren.

Bei den bereits zitierten Islandpferden wird ein großer Teil der Nachzucht von vornherein als Nahrungsmittel verplant, so daß die leistungsschwachen Tiere in erheblichem Ausmaß selektiert werden können.

In den meisten europäischen Ländern aber werden nahezu 100 Prozent eines Fohlenjahrgangs in irgendeiner Form reiterlich genutzt, so daß man brauchbare Reitpferde nur aus einer im Verhältnis kleinen Population abschöpfen kann. Erschwerend kommt die verbreitete Praxis hinzu, aufgrund mangelnder Leistung oder körperlicher Schäden früh für den Sport untauglich gewordene Stuten nicht zu eliminieren, sondern im Gegenteil in die Zucht zu schicken. Damit werden diese Erbanlagen nicht nur nicht aus dem Genpool verbannt, sondern im Gegenteil noch verdichtet, da diese verhältnismäßig jungen Tiere besonders viele Fohlen haben können.

Nicht jede Krankheit und vor allem nicht jede Lahmheit ist vererbbar, wohl aber oft die Anlage dazu. Ein prominentes, aber bei weitem nicht das einzige Beispiel dafür ist die Hufrollenentzündung.

Eine weitere Rolle spielen Zuchtstandards, die leistungsmindernd sind, etwa besonders kleine, gefällig aussehende Hufe bei bestimmten Rassen, deren Anfälligkeit für verschiedene Erkrankungen deutlich höher liegt.

Fohlenhufe richtig pflegen

Viele Stellungsfehler bei erwachsenen Pferden resultieren aus verschleppten Problemen der Fohlenhufe. Andererseits können geringgradige Fehlstellungen bei Fohlen so weit beeinflußt werden, daß sie sich deutlich bessern oder schließlich ganz verschwinden.

Bei der Geburt ist der Fohlenhuf von einem weichen Hornpolster umgeben, dem Fohlenkissen. Dieses Gewebe schützt die Geburtswege der Mutter vor Verletzungen durch die scharfkantigen Fohlenhufe. Das Fohlenkissen läuft sich während der ersten Tage nach der Geburt ab.

Die Hufe neugeborener Fohlen wirken zunächst überraschend unregelmäßig: Die Trachten sind eng und teilweise untergeschoben, die Hufwand ist steil. Im Verlauf des ersten Lebensjahres bildet sich der Huf durch die Laufbelastung allmählich um und ähnelt dann dem Huf des erwachsenen Pferdes.

Sehnenstelzfuß bei Fohlen

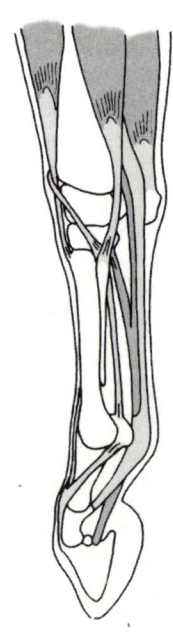

Voraussetzung dafür ist
- genug Bewegung auf unterschiedlichen Böden und
- eine regelmäßige Hufpflege schon im Fohlenalter.

Auch das Bein als solches ist nach der Geburt nicht immer ideal geformt. Stellungsabweichungen treten gelegentlich auf, aber viele dieser Probleme geben sich nach einigen Tagen oder Wochen von selbst. Eine Behandlung durch Schienen und andere Maßnahmen ist weitaus seltener, als es Laien zunächst befürchten. Trotzdem sollte jedes Fohlen im Zweifelsfall dem Tierarzt vorgestellt werden. Das gilt insbesondere dann, wenn das Tier aufgrund der Fehlstellung nicht normal fußen kann.

Da aber der Tierarzt direkt nach der Geburt ohnehin routinemäßig nach jedem Fohlen sehen sollte (Fohlenlähmetest, Nachuntersuchung der Mutter), kann er dann auch zur Gliedmaßenstellung befragt werden. In einigen Fällen klärt sich erst nach mehreren Tagen, ob das Fohlen behandelt werden muß oder nicht.

Ebenso wie die Halfterführigkeit muß auch das Gewöhnen an die tägliche Hufkontrolle und Hufpflege bei Fohlen geübt werden. Zunächst muß das Fohlen die Berührung der Beine und Hufe als angenehm empfinden und mit positiven Reizen verbinden. Dann beginnt man allmählich mit dem Aufheben der Beine und achtet darauf, dem Tier genug Zeit zum Gewinnen des Gleichgewichts auf drei Beinen zu gewähren. Ein Umgang ohne Hektik und Ungeduld fördert den Charakter des Jungtiers und ist Voraussetzung für die Entwicklung zu einem sicheren Reitpferd.

Wichtig ist es, die Hufe nie grob aufzunehmen und vor allem nicht nach außen wegzuziehen. Diese Bewegungen sind nicht nur unangenehm und provozieren den Widerstand des Fohlens, sondern können, gerade bei sehr jungen Tieren, zu ernsthaften Verletzungen führen.

Haltung und Unterbringung

Menschliche Leistungssportler führen ein aktives, körperbewußtes Leben. Kein Weltklassesprinter wird die Freizeit überwiegend vor dem Fernsehgerät verbringen und einen übergewichtigen Körper dem Aufzug statt der Treppe anvertrauen.

Daher ist es besonders verwunderlich, daß man den vierbeinigen Athleten ähnliche konditionswidrige Gegebenheiten oft aufzwingt. Bei überwiegender Boxenhaltung ohne freie Bewegungsmöglichkeit mit Artgenossen werden natürliche Trainingspotentiale verschenkt und die Gliedmaßen unnötig verweichlicht.

Eine Haltung in bewegungs- und kontaktreicheren Systemen, etwa Box- und-Paddock oder Gruppen-Auslaufhaltung, durchblutet und trainiert die Bewegungsorgane kontinuierlich auch außerhalb des eigentlichen Trainings, baut psychische Spannungen ab und schafft damit beste Voraussetzungen für reitsportliche Leistungsfähigkeit. Zudem erscheint es nur fair, seinem Reittier eine artgerechte, angenehme Unterbringung zu ermöglichen.

Lahmheit als Krankheit

Lahmheitsuntersuchung – Grundlagen

Die Lahmheitsuntersuchung ist ein wesentlicher Bestandteil der tierärztlichen Ankaufsuntersuchung. Von ihrem Ergebnis hängt es nicht selten ab, ob der Kauf tatsächlich zustande kommt. Wesentlich ist dabei, daß es nicht der Tierarzt ist und sein darf, der dem Kaufinteressenten von einem eventuellen Kauf abrät und ihn dadurch beeinflußt. Der Tierarzt erhebt medizinische Befunde und kann gegebenenfalls daraus Diagnosen erstellen sowie eine Prognose abgeben. Inwiefern der Reiter diese Informationen zur Grundlage seiner Kaufentscheidung macht, entzieht sich dem Einflußbereich des Tierarztes.

Diese Regelung besteht völlig zu Recht, steht der Tierarzt doch immer in einer Zwickmühle: Kommt der Kauf nicht zustande, weil eine Lahmheit diagnostiziert wurde, wird der Verkäufer mit diesem Umstand unzufrieden sein. Übersieht der Tierarzt aber eine Lahmheit oder ein anderes gravierendes gesundheitliches Problem, fühlt sich der Käufer natürlich schlecht bedient. Diese Zwickmühle besteht unabhängig davon, welche der beiden Parteien der Auftraggeber war.

Viele Pferdehalter haben korrekturbedürftige Vorstellungen von den Möglichkeiten und Grenzen der tierärztlichen Lahmheitsdiagnostik. Zunächst ist der vereinbarte Untersuchungsumfang bedeutsam: Wird nur eine klinische Untersuchung, also mit Beugeproben und Belastungstest gewünscht, oder sollen Röntgendiagnostik, Ultraschall und andere Verfahren zum Einsatz kommen? Je differenzierter und aufwendiger die Untersuchungen, desto sicherer kann die Diagnose gestellt werden, und um so sicherer ist die Prognose. Natürlich steigt dann auch der Preis der Untersuchung erheblich.

Trotzdem ist das Pferd als biologisches System nicht perfekt zu untersuchen und einzuschätzen, und auch bei sorgfältiger Untersuchung kann natürlich nur der gegenwärtige Zustand beurteilt werden. Sogar in diesem Punkt bleibt es trotz umfangreicher Berufserfahrung oft schwer, die Untersuchungsergebnisse in eine zuverlässige Prognose einzugliedern. Ein typisches Beispiel ist der Röntgenbefund der Strahlbeine, dessen Bezug zu den tatsächlichen Verschleißerscheinungen und der daraus resultierenden Prognose oft kritisch bleibt.

Übergewicht

Auch Pferde sollten ihr Idealgewicht haben. Überflüssige Pfunde belasten nicht nur den Kreislauf, sondern erhöhen auch das Risiko für Störungen an den Gliedmaßen. Es macht wenig Sinn, sich um einige Kilogramm Gewichtsreduzierung beim Sattel zu bemühen, wenn ein Mehrfaches durch eine Abmagerungskur von Pferd und Reiter zu erreichen wäre.

Lahmheitsuntersuchung – anschaulich

Während die Lahmheitsuntersuchung beim Verkauf eines Pferdes das Freisein von entsprechenden Mängeln bestätigen soll, ist die Untersuchung beim Vorliegen einer Lahmheit darauf ausgerichtet, den Sitz und die krankhaften Veränderungen zu erfassen, die die Lahmheit verursachen. Die Vorgehensweise ist logisch aufgebaut und erfolgt in mehreren aufeinander abgestimmten Schritten.

Zunächst wird durch Vortraben an der Hand, eventuell auch durch Longieren oder Vorreiten, das erkrankte Bein bestimmt. Provokationsproben können bei diesem Schritt hilfreich sein, etwa Beugeproben, Brett- und Keilprobe oder verstärkte Belastung durch längeres Longieren und Reiten.

Die Aussagekraft dieser Proben kann aber sehr eingeschränkt sein. Ist die für eine Beugeprobe seitens des Untersuchers aufgewendete Kraft zu hoch, wird fast jedes Pferd aufgrund gerade in höherem Alter vorhandener natürlicher Veränderungen der Gelenke lahmgebeugt werden. Dies gilt auch für die Intensität, mit der eine Brettprobe durchgeführt wird:

Bei der *Brettprobe* wird die vermutlich erkrankte Gliedmaße auf das Ende eines etwa zwei Meter langen Brettes gestellt und dann das gegenüberliegende Bein aufgehoben. Nun hebt man das

Brettprobe (nur vom Tierarzt durchzuführen!): Springt das Pferd vorzeitig ab, können krankheitsbedingte Schmerzen die Ursache sein.

15 °

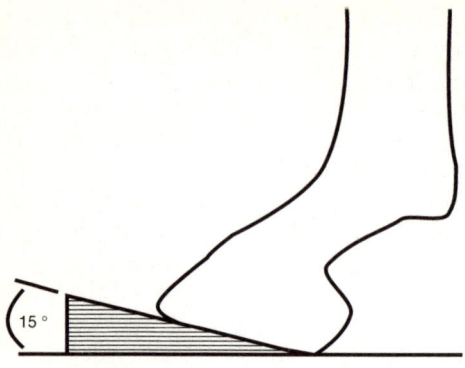

Keilprobe: Auch hier werden die Zehengelenke überstreckt. Schmerzreaktionen können auf krankhafte Veränderungen deuten. Nur vom Tierarzt durchzuführen!

Zur *Keilprobe* wird der betroffene Huf auf einen Holzkeil mit etwa 15 Grad Steigung gesetzt und dort für zwei Minuten unter Anhebung des gegenseitigen Beines belassen. Vortraben und Bewertung vorzeitigen Abspringens erfolgen wie bei der Brettprobe.

In beiden Verfahren muß zur Kontrolle auch die gegenseitige Gliedmaße getestet werden. Diese Untersuchungen verlangen viel Erfahrung vom Tierarzt und sind nicht sehr spezifisch, da sie auch bei anderen Erkrankungen eine verstärkte Lahmheit auslösen können. Aus diesem Grund werden sie heute nur noch selten angewandt.

Diese Proben von Laien durchführen zu lassen ist nicht nur sinnlos, sondern vor allem wegen der insbesondere bei der Brettprobe auftretenden hohen Beinbelastung auch gefährlich und daher nicht zu empfehlen.

Ist das erkrankte Bein eindeutig bestimmt, muß der Lahmheitsherd genau eingegrenzt werden, da man Röntgenuntersuchungen und ähnliche Verfahren aus gesundheitlichen und finanziellen Gründen nicht flächendeckend auf Verdacht am ganzen Bein vornehmen kann.

Da Pferde ihr Schmerzempfinden nicht sprachlich artikulieren, kann der Tierarzt mit den diagnostischen Anästhesien arbeiten. Diese machen sich

Brett an seinem anderen Ende vorsichtig an, bis eine Winkelung von etwa 15 Grad erreicht ist. Dadurch gerät der gesamte Fuß des Pferdes vom Fesselgelenk an abwärts in eine Überstreckungsstellung. Etwa vorhandene Knochenzuwächse am Gelenkrand oder an Bandansätzen werden dadurch in ihrer Schmerzhaftigkeit intensiviert. Nach zwei Minuten läßt man das Pferd vortraben. Es lahmt dann verstärkt, wenn krankhafte Veränderungen vorhanden sind. Bei starken Schmerzen springt der Patient möglicherweise vorzeitig vom Brett ab oder wird unruhig.

Achtung:

Die Brett- und Keilprobe sollten von Laien grundsätzlich nicht angewendet werden, da hier in einigen Fällen ein schwerer Schaden gesetzt und die Beurteilung nur durch den Tierarzt sinnvoll vorgenommen werden kann.

den Umstand zunutze, daß durch die medikamentöse Blockierung per Injektion bestimmter Nervenbahnen das Schmerzempfinden in den diesen Nerven zugeordneten nachfolgenden Beinabschnitten zeitweise ausgeschaltet wird. Daraufhin verschwindet die Lahmheit bei anschließendem erneutem Vortraben oder bessert sich zumindest deutlich.

Man beginnt mit den unteren Abschnitten des Beines, also der Hufrolleneinheit und dem Hufbeinbereich. Sind die Reaktionen hier negativ, bessert sich die Lahmheit also nicht, arbeitet man sich in kleinen Schritten so lange beinaufwärts, bis man die betroffene Region lokalisiert hat.

Dann werden in der Regel Röntgenbilder oder andere Diagnostika eingesetzt, und am Ende steht – hoffentlich – eine Diagnose.

Diagnostische Anästhesien betäuben die Nervenbahnen bestimmter Beinanteile für kurze Zeit. Liegt die Erkrankung dort begründet, bessern sich Schmerz und Lahmheit.

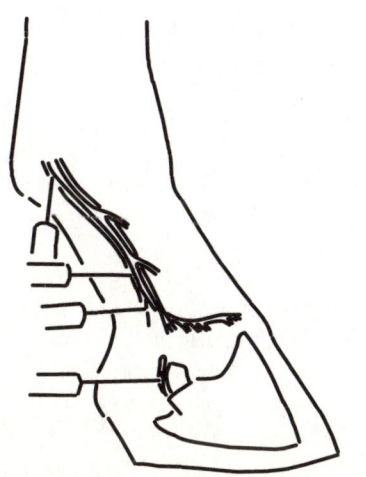

Eine umfassende Lahmheitsuntersuchung erfordert nicht nur den Einsatz hochwertiger Technik. Sie ist überdies zeitaufwendig und daher entsprechend teuer.

Behandlung von Lahmheiten

Die Behandlung einer Lahmheit richtet sich natürlich nach deren Ursache und fällt dementsprechend unterschiedlich aus. Es werden medikamentöse, operative und physikalische Therapieformen angewendet, wobei sich ein gemeinsames Problem stellt: Pferde sind groß und schwer, man kann sie kaum ruhigstellen, und das gesamte Gewicht ruht fast 24 Stunden täglich auf den Beinen. Diesen kleinen, aber folgenschweren Unterschied zu den Gegebenheiten beim Menschen machen sich viele Reiter nicht ausreichend bewußt.

Da Lahmheiten oft durch chronische Überlastungen entstehen, sind die zu behandelnden Schäden häufig gravierend und bedürfen im allgemeinen einer längeren Behandlung. Diese sollte in jedem Fall genau eingehalten werden; den Ratschlägen des Tierarztes ist konsequent Folge zu leisten.

Es müßte aufgrund der Komplexität des Themas selbstverständlich sein, daß der Reiter und Pferdehalter keine Eigentherapie auf Verdacht vornimmt. Die Praxis zeigt aber leider, daß gerade leichte und daher vermeintlich weniger bedeutsame Lahmheiten nur zu oft ignoriert oder, schlimmer noch, mit den allgegenwärtigen Schmerzmitteln (Phenylbutazon in Beuteln oder als Gel zur Anwendung über das Futter) angegangen werden.

Die Risiken dieses Vorgehens sind

hoch: Die Diagnosestellung und damit der Beginn der endgültigen, zielgerichteten Therapie wird verschleppt. Ist die Schmerzstillung zunächst erfolgreich, belastet der Patient die erkrankte Gliedmaße erneut und vergrößert damit den Schaden weiter. Nicht selten gerät das Krankheitsgeschehen dann in den irreversiblen Bereich und kostet das Pferd letztlich Gesundheit und Leben.

Prognose bei Lahmheiten

Gerade bei Lahmheiten ist eine Prognose oft schwer zu stellen, denn von plötzlichen Ereignissen, etwa Unfällen, Stürzen und akuter Überlastung abgesehen, liegen häufig chronische Schäden vor, deren Therapie langwierig ist. Überdies hängt der Erfolg der Behandlung von der Mitarbeit des Pferdebesitzers ab, der die Ratschläge des Tierarztes gewissenhaft befolgen sollte, insbesondere bezüglich der flankierenden Maßnahmen: Ruhigstellung, dosierte Bewegung oder die Vermeidung bestimmter Belastungsformen über einen längeren Zeitraum beeinflussen das Behandlungsergebnis in hohem Maße. Schließlich ist zu berücksichtigen, daß das individuelle Ansprechen auf die Therapie von der Konstitution des Patienten abhängt.

Vorbeugung gegen Lahmheiten

Da vor allem auf chronischem Verschleiß beruhende Lahmheiten in vielen Fällen schlecht zu behandeln sind, kommt der Vorbeuge natürlich große Bedeutung zu.

Die Grundlage bildet ein robust aufgezogenes, optimal gefüttertes Pferd von Eltern, bei denen keine speziellen Lahmheitsprobleme bekannt waren.

Das Einreiten des Jungpferdes sollte behutsam erfolgen, übertriebener Ehrgeiz ist zu vermeiden. Je früher das Einreiten beginnt, desto langsamer darf man die Anforderungen steigern. Die Mehrzahl der Pferde ist erst mit etwa fünf bis sechs Jahren biologisch vollständig gereift und ausgewachsen. Ein intensives Training unter reiterlicher Belastung, das deutlich vor dem Ablauf des dritten Lebensjahres liegt, ist als risikoträchtig bezüglich einer langjährigen und unkomplizierten Nutzung einzustufen.

Die für das Einreiten erhobenen Forderungen gelten auch für das Austrainieren von Pferden mit Grundkondition. Es ist in jedem Fall langsam vorzugehen. Findet ein deutlicher Wechsel in der Nutzungsrichtung statt, muß auch dieser langsam eingeleitet werden, da sich der Körper auf die veränderte Nutzung einstellen muß. Jegliche Extreme sind zu reduzieren, vor allem die Arbeit auf sehr hartem oder ungewöhnlich tiefem Boden. Sind beispielsweise Distanzpferde seit Jahren steinige, aber feste Mittelgebirgswege gewöhnt, so ist mit vermehrten Problemen zu rechnen, wenn plötzlich lange Strecken auf Sandwegen bewältigt werden müssen.

Es ist sehr wichtig, daß auch zunächst unauffällige Zeichen einer Überlastung ernst genommen werden: Angelaufene Beugesehnen, Steifheit am Folgetag nach einer Belastung oder schwunglose Bewegungen zeigen dem vorsichtigen Reiter, daß er seinem Reittier zuviel zugemutet hat. Das gilt insbesondere für unter der Woche wenig bewegte Freizeitpferde, die am Wochenende plötzlich auf einen Wanderritt oder längere Geländeritte geschickt werden.

Bedeutsam ist auch das Gewicht des Reiters im Verhältnis zu demjenigen des Pferdes.

Faustregel: Der Reiter sollte nicht mehr als ein Siebtel seines Pferdes wiegen.

Dieser Wert gestattet natürlich nur eine grobe Annäherung. Leider beobachtet man oft, daß gerade schwere und kräftige Reiter grazile Pferde bevorzugen. Neben dem Gewicht des Pferdes nehmen natürlich weitere Faktoren Einfluß auf die Tragfähigkeit des Tieres:

- Ein kurzrückiges Pferd mit kräftiger Muskulatur kann das Reitergewicht besser vertragen.
- Je größer der Röhrbeinumfang, desto stabiler das gesamte Skelett.
- Bei gleichem Röhrbeinumfang ist das Verhältnis zwischen dem stabilen, dicht gepackten Anteil des Knochens (*Compacta*) und dem lockeren, schwammigen Anteil des Gewebes (*Spongiosa*) entscheidend.

Ein typisches Beispiel für die Kraft kleiner Pferderassen sind die Islandpferde, die in der Regel ohne Schaden von verhältnismäßig schweren Erwachsenen geritten werden können.

Entscheidend sind auch die reiterlichen Qualifikationen: Wird ein Pferd entlastend und in natürlicher Versammlung geritten, so daß es sein Körpergewicht vermehrt auf die Hinterhand verlagert, hat es beste Chancen, das grundsätzlich unnatürliche Reiten lange Jahre ohne Schäden zu überstehen.

Erste Hilfe bei Lahmheiten

Lahmheiten eignen sich grundsätzlich nicht zur Eigentherapie durch den Reiter. Trotzdem sollte dieser in der Lage sein, eine Lahmheit zu beurteilen. Eine geeignete Einteilung sieht folgendermaßen aus:

Ist eine Lahmheit wirklich geringgradig, also nur im Trab erkennbar, nicht aber im Schritt, und sind keine weiteren Symptome vorhanden, kann zunächst unter Ruhigstellung des Pferdes abgewartet werden. Falls das Pferd Kraftfutter bekommt, sollte diese Ration um zwei Drittel gekürzt werden. Die Lahmheit muß jedoch nach spätestens drei Tagen von selbst vergehen, anderenfalls ist der Tierarzt umgehend hinzuzuziehen. Aber auch in diesen geringgradigen Fällen – und immer dann, wenn der Reiter die Situation nicht klar einschätzen kann – ist es natürlich besser, den Tierarzt für den folgenden regulären Arbeitstag einzubestellen.

Eine Lahmheit kann man nur unter dem Sattel nicht beurteilen. Liegt der Verdacht also vor, läßt man sich das Pferd von einer zweiten Person im Schritt und Trab vorführen. Dabei achtet man auf einen festen, ebenen Untergrund, am besten Asphalt oder Beton. Das Pferd muß völlig gerade laufen, am locker durchhängenden Führseil und bei mittlerem Tempo, damit die Bewegungsstörungen nicht durch eine schiefe Haltung verdeckt werden.

Die Hilfsperson führt das Tier zunächst vom Beobachter weg, kommt dann zurück, am Beobachter vorbei, wendet erneut und kommt zurück. So läßt sich das Tier aus verschiedenen Blickwinkeln begutachten. Ist eine Bewegungsstörung vorhanden, sind die häufigen *Stützbeinlahmheiten* an einer nickenden Bewegung des Pferdekopfes zu erkennen, da der Patient das kranke Bein möglichst kurz belastet und das

Richtiges Vortraben am lockeren Seil mit
geradem Hals in mittlerem Tempo

Gewicht zügig auf die gesunde Gliedmaße verlagert. Daher gilt der Grund-
satz:

Das Pferd fällt auf das gesunde Bein.

Liegt eine der selteneren *Hangbeinlahmheiten* vor, nimmt man in der Regel
eine Verkürzung der Schrittlänge bei
weitgehend ungestörtem Auffußen
wahr.

Bei *gemischten Lahmheiten* und anderen Störungen können diese Merkmale
miteinander verbunden sein. Oft ergibt
sich aber auch nur der diffuse Eindruck,
daß das Pferd unsymmetrisch, taktun-
rein oder ungewöhnlich läuft.

Die Einschätzung der Lahmheit
durch den Laien kann nach folgenden
Grundsätzen vorgenommen werden:
- Als *geringgradig* gilt eine Lahmheit,
  wenn sie nur im Trab, nicht aber im
  Schritt (und Galopp) erkennbar ist.
  Hier kann man zunächst drei Tage
  unter Ruhigstellung des Pferdes abwarten, wenn das Allgemeinbefinden
  ungestört ist. Nach dem dritten Tag
  der Lahmheit muß der Tierarzt allerdings unbedingt zu Rate gezogen
  werden.
- Ist die Lahmheit *mittelgradig,* also
  bereits im Schritt erkennbar, oder treten zu einer ansonsten geringgradigen Form weitere Symptome hinzu,
  etwa Schwellung, Schmerzhaftigkeit,
  Wärme oder Störungen des Allge-

meinbefindens mit Appetitlosigkeit, Fieber und Abgeschlagenheit, sollte der Tierarzt unbedingt noch am selben Tag nachsehen.

● *Hochgradige* Lahmheiten, bei denen das Pferd ein Bein nicht mehr belastet, sich nicht mehr bewegen kann oder gar festliegt, gelten als Notfall und müssen umgehend an den Tierarzt weitergeleitet werden.

Bis zu dessen Erscheinen kann der Pferdehalter und Reiter jedoch bereits sinnvolle Maßnahmen ergreifen:

● Der Patient sollte völlig *ruhiggestellt* werden.

● Treten dramatische Lahmheiten im Gelände plötzlich auf, besteht immer der Verdacht auf einen *Knochenbruch*. Solche Pferde läßt man vor Ort stehen und wartet auch mit dem Transport auf das Urteil des Tierarztes.

● Bei erkennbaren Brüchen sind Schienungen für den Laien kaum durchführbar und daher nur als letztes Mittel zu sehen.

● Ein frischer *Sehnenschaden* jedoch kann mittels eines gut gepolsterten Stützverbandes durchaus positiv beeinflußt werden.

● Alle erkennbaren *Wunden* sollten in der Wartezeit auf den Tierarzt bereits versorgt werden. Wesentlich dafür ist ein gut gepolsterter Verband mit möglichst sterilen Verbandstoffen.

Bei solchermaßen vorgetrabten Pferden ist keine Lahmheitskontrolle möglich!

Dieses Material sollte vorsorglich in jeder Pferdehaltung vorhanden und für die Dimensionen eines solchen Tieres passend sein. Der Autoverbandkasten reicht dafür nicht aus.

- Sind die *Hufe* heiß und schmerzhaft, kann ein Hufverband mit nasser Verbandwatte Linderung bringen.
- Bei *Muskelproblemen*, etwa Kreuzverschlag, sollten die betroffenen Muskelgruppen warmgehalten werden.

Alle diese Maßnahmen sind für den Helfer natürlich leichter und sicherer durchzuführen, wenn das Pferd gut erzogen und auch in Krisensituationen leicht zu handhaben ist.

Das gilt auch für das möglicherweise erforderliche Betasten der Beine, um weitere Veränderungen festzustellen: Ein unleidliches Pferd gefährdet sich selbst und die Sicherheit der Helfer.

Nicht zur Ersten Hilfe gehören Salben, Sprays und Desinfektionsmittel. Das Einbringen in Wunden beeinflußt den Heilungsverlauf negativ und kann dringend erforderliche Wundnähte durch den Tierarzt erschweren oder unmöglich machen. Auch das Aufbringen von Kühlgel und anderen Pflegestoffen auf Prellungen, Verdickungen, Verstauchungen und Blutergüsse hat keinen besonderen Effekt. Kühlen mit Wasser ist deutlich erfolgreicher.

Physiotherapie für die Beine

Die Physiotherapie wirkt mit physikalischen Effekten auf den Körper von Tier und Mensch ein. Dabei kann sie nicht nur die Heilung und Wiederherstellung nach Krankheiten und Verletzungen unterstützen, sondern auch die Regeneration nach hohen Trainingsbelastungen fördern und den Organismus auf sportliche Leistungen vorbereiten. Zur Anwendung an den Beinen bietet sich die Physiotherapie besonders an, denn hier sind die Funktionsgewebe (Sehnen, Muskeln, Bänder, Blutgefäße), besonders im unteren Beinabschnitt, kaum von Bindegewebe umgeben, so daß die physikalischen Reize gut einwirken können.

Physiotherapie kann mit den Händen durchgeführt werden, unter Zuhilfenahme von Wasser, Wärme und anderen Mitteln sowie durch den Einsatz technischer Geräte. Es existieren auch im Pferdebereich viele, teilweise hochspezialisierte Methoden. Sie werden nicht nur von Fachleuten, sondern auch von fast jedem Pferdehalter ganz selbstverständlich im Rahmen der Selbstbehandlung genutzt.

Gerade für den medizinischen Laien ist es aber wichtig, die Einsatzmöglichkeiten genau zu kennen und in ihrer An-

Wichtig:

Ein Pferd wird vom Laien nur dann in Eigenregie vorgetrabt, wenn der Grad der Lahmheit nicht klar erkennbar ist. Fällt die Bewegungsstörung jedoch schon im Schritt oder gar in der Ruhe auf, darf grundsätzlich nicht vorgetrabt werden, bis der Tierarzt zur Stelle ist, um nicht versehentlich Schäden zu setzen, die den weiteren Fortgang der Erkrankung verschlimmern.

Wie kühlt man am besten?

- Ideal ist kaltes Wasser.
- Eispackungen und Eiskissen (Kältegel-Kissen) hingegen können, besonders am Pferdebein, wo die Haut fast direkt auf dem Knochen aufliegt, zu Erfrierungen führen.
- Als Schutz ist dann ein Handtuch oder ähnliches zu benutzen, welches allerdings die Kontrolle und Dosierung des Kühleffektes erschwert.
- Als sinnvolle Alternative eignen sich Abreibungen mit Schnee oder Eis.

- Von außen auf die Haut aufgetragenes Kühlgel hat keine ausreichende Tiefenwirkung.
- Kältesprays aus der Humanmedizin sollten aufgrund der erhöhten Gefahr lokaler Erfrierungen der Haut nicht angewendet werden.

Vorsicht: Die Dehnbarkeit der Muskeln nimmt nach längerer und großflächiger Kälteanwendung deutlich ab, die Pferde bewegen sich daher zunächst unsicher.

---

wendung unterscheiden zu können. Sonst erreichen auch diese vermeintlich harmlosen Maßnahmen nicht ihre optimale Wirkung oder behindern gar die Heilung.

Besonders die Anwendung von Kälte und Wärme muß wohlüberlegt erfolgen, um keine Fehlreaktionen des Körpers zu provozieren.

Kältetherapie: Kälte vermindert den Zellstoffwechsel, verringert die Durchblutung, schwächt entzündliche Reaktionen ab, verlangsamt die Leitgeschwindigkeit der Nervenfasern und dämpft den Schmerz. Der lokale Einsatz von Kälte sollte daher bei akuten entzündlichen Prozessen vorgenommen werden, die unter Umständen auch mit Gewebeschwellungen und Schmerzen einhergehen.

Das wichtigste Einsatzgebiet sind frische Sehnenschäden aller Art, von der geringgradigen Überdehnung bis zum Sehnenriß. Das Prinzip beruht darauf,

die typischen Erstreaktionen nach Möglichkeit zu verhindern oder zu bremsen:
- die Bildung des Blutergusses,
- das später einsetzende entzündliche Ödem (wäßriges Gewebe),
- den starken Schmerz.

Gerade der Bluterguß und das Ödem behindern die Heilung des Sehnenschadens. Ist kaltes Wasser oder gar Eis am Ort verfügbar, so bedeutet die sofortige intensive Kühlung des betreffenden Beines nicht nur eine sinnvolle Erste Hilfe, sondern die entscheidende Maßnahme schlechthin. Überdies ist sie aufgrund ihrer schmerzdämpfenden Wirkung für den Patienten sehr wohltuend. Der schmerzstillende Effekt ist nicht nur mit einer durch Kälteeinwirkung verringerten Leitfähigkeit der Nervenbahnen und Schmerzrezeptoren zu erklären. Offenbar wird auch die Produktion und Freisetzung spezieller Botenstoffe, die für die Schmerzempfindung verantwortlich sind, reduziert.

Die gleichen Anwendungen mit kühlenden Umschlägen gelten auch für Muskelrisse und Insektenstiche.

Trotz der generell verengenden Wirkung auf die Gefäße wird beim ersten Kontakt zur Kälte zunächst eine reflektorische kurze Mehrdurchblutung von Haut und Muskulatur beobachtet. Daher empfiehlt es sich, zuzüglich in den ersten Minuten auch Druck auf das erkrankte Gewebe auszuüben, etwa durch einen gut gepolsterten Verband, um die Maßnahme zu optimieren.

Wesentlich ist es auch, den folgenden Mechanismus zu berücksichtigen:

Der gewünschte Effekt der Kühlung besteht nur während der ersten 15–20 Minuten. Danach setzt zur Kompensation eine reaktive Hyperämie ein, der Körper öffnet die Blutgefäße zeitweise wieder, um ein Absterben des unterkühlten Gewebes zu verhindern. Diese Reaktion wird auch als Kneipp-Effekt bezeichnet. Bei den beschriebenen akuten Vorgängen sollte man also intensiv kühlen, nach etwa 15 Minuten aber aufhören.

Wärmetherapie: Wärme erhöht den Zellstoffwechsel, weitet die Gefäße, steigert die Durchblutung, setzt die Nervenleitgeschwindigkeit herauf und verstärkt entzündliche Reaktionen. Die lokale Anwendung von Wärme ist sinnvoll bei allen chronisch-schmerzhaften und chronisch-entzündlichen Erkrankungen sowie bei nicht durch Verletzungen bedingten Muskelschmerzen.

Chronische Arthrosen (Gelenkveränderungen) und alte Sehnenschäden sprechen, wenn sie überhaupt noch beeinflußbar sind, im allgemeinen gut auf Wärme an.

Einen ähnlichen durchblutungsfördernden Effekt versprach man sich früher durch das Brennen (punktförmige Verbrennungen) und Blistern (Einreibung mit stark hautreizenden Stoffen) der darüberliegenden Haut bei chronischen Sehnenschäden. Die künstlich gesetzte Entzündung sollte die Reparaturmechanismen des Körpers so sehr anregen, daß eine Heilung stattfinden konnte. Die Mehrzahl der tiermedizinischen Lehrmeinungen lehnt diese Methode jedoch heute ab, da sie für das Pferd sehr schmerzhaft ist, keine ausreichende Tiefenwirkung hat und damit eine unsinnige Quälerei darstellt.

Vorsicht: Gefährlich ist die Anwendung von Wärme bei allen frischen Prozessen, vor allem bei frischen Sehnenschäden. Hier gilt die Regel: Erst kühlen, und nach Abklingen der entzündlichen Hitze und Diagnose durch den Tierarzt darf die Wärmetherapie einsetzen. Anderenfalls kann das Problem gravierend und schmerzhaft verstärkt werden.

Ein typisches Beispiel für die Genauigkeit, mit der ein therapeutischer Wärmeeinsatz differenziert werden muß, sind auch Muskelprobleme. Liegt etwa ein Muskelriß oder eine starke Überdehnung mit Bildung eines Blutergusses vor, ist die Kälteanwendung wie oben beschrieben wesentlich, um den Folgeschaden zu begrenzen. Werden Schmerz und Lahmheit jedoch durch diffuse Störungen im Zellstoffwechsel oder durch Krämpfe verursacht, lindert Wärme die Beschwer-

Rechts: Leistungssport verlangt den Pferdebeinen das Äußerste ab. Wichtig sind behutsames Aufbautraining und die Vermeidung von Überlastungen.

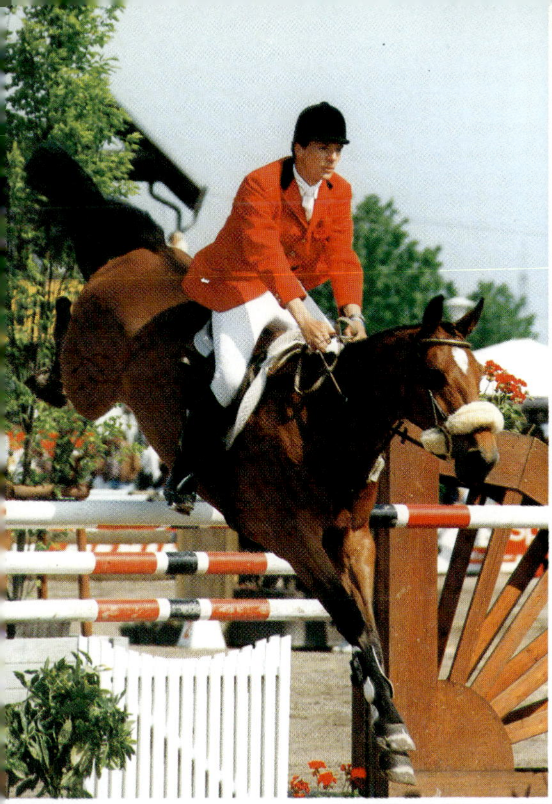

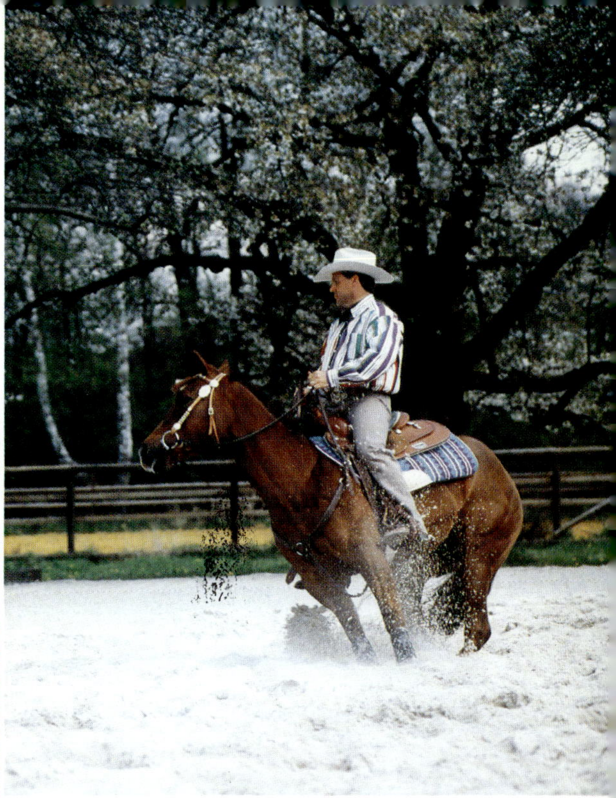

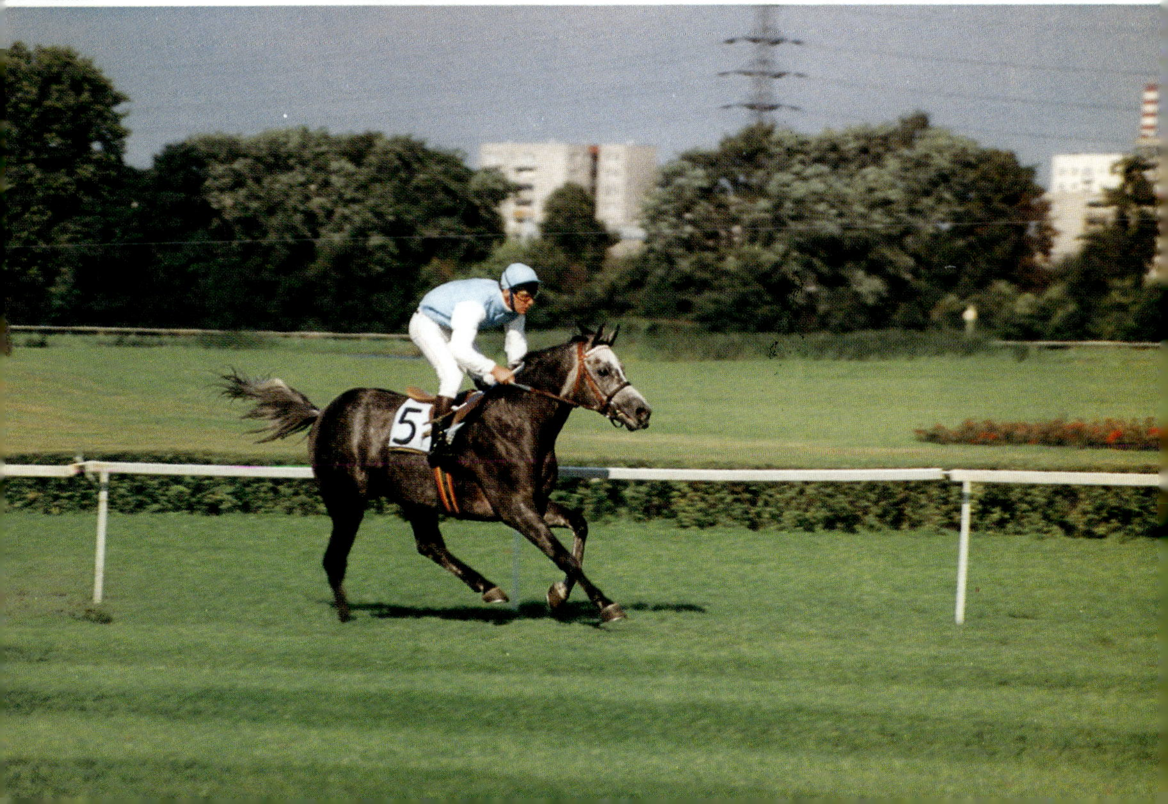
5

den durch Krampflösung, während Kälte sie vermehren würde.

Zur Vorbereitung einer sportlichen Leistung muß die Muskulatur aufgewärmt und die Durchblutung optimal sein. Es würde keinen Sinn ergeben, etwa die Sehnen vor einem Geländeritt bereits vorsorglich zu kühlen. Im Gegenteil: Kälte macht die Gelenk- und Sehnengleitflüssigkeit zäh und kann daher Schäden leichter ermöglichen.

Massage: Unter diesem Begriff kann man die eigentliche Massage, aber auch chiropraktische Eingriffe und den bekannten Tellington Touch zusammenfassen.

Die klassische Massage wirkt sowohl mechanisch als auch reflektorisch. Hilfreich ist bereits das rein mechanische Auspressen des Gewebes, mit dem der Blut- und Lymphstrom angeregt wird. Die Resorption von Flüssigkeiten im Unterhautgewebe verbessert sich, die Blutzirkulation nimmt zu. Es treten gefäßaktive körpereigene Botenstoffe aus, die die Grundspannung des Muskels normalisieren. Der gesamte Wirkungsmechanismus arbeitet auch zentralnervös: Die durch Massage angeregte Hormonausschüttung beruhigt das Pferd, Blutdruck und Pulsfrequenz sinken, die Hauttemperatur steigt.

Die reflektorische Wirkung des Massierens beruht auf

- der Dehnung von Muskelspindeln und
- spezifischer Reizung der Sehnenrezeptoren.
- Durchblutung und Sauerstoffversorgung steigen,
- Stoffwechselgifte werden abtransportiert,
- schmerzhafte Zustände und Verspannungen bessern sich.

Massage wirkt aber nur in einer entspannten Atmosphäre und kann anderenfalls gerade bei Pferden leicht ins Gegenteil umschlagen. Außerdem sollte man sich vergegenwärtigen, daß die zu bearbeitenden Muskelgruppen gerade bei Großpferden teilweise sehr wuchtig und daher für Menschen nur anstrengend zu bewegen sind.

Daher ist es leichter, sich auf die reflektorischen Wirkungen zu konzentrieren, wie sie bei der Anwendung des Tellington Touch umfassend gelehrt werden.

Nicht angewendet werden sollte Massage bei frischen Wunden, Quetschungen und Muskelrissen sowie bei gleichzeitig vorliegenden Hauterkrankungen.

Oben links: Ein schmerzhafter Hufabszeß kann durch Abdrücken mit der Hufuntersuchungszange lokalisiert werden.
Oben rechts: Dann wird der Abszeß mit dem Hufmesser freigelegt.
Unten: In den Huf eingetretene Nägel werden vor der Untersuchung durch den Tierarzt nicht entfernt! Nur der Tierarzt kann Stichrichtung und Eindringtiefe abschätzen.

Elektrotherapie, Ultraschall, Magnetfelder: Elektrische Ströme geringer Intensität bewegen die Ladungsträger (Ionen) in den Zellen des Körpers und lösen dadurch eine Vielzahl von Reaktionen aus.

Unter Ultraschall hingegen versteht man hochfrequente Schwingungen

(Schallwellen) im nicht hörbaren Bereich. Sie breiten sich im Weichteilgewebe aus, regen die Teilchen des Körpers zur Schwingung an und werden von diesen absorbiert.

Bei beiden Verfahren entsteht Wärme entweder direkt oder reaktiv, wodurch sich die Blutgefäße weiten, die Spannung der Muskulatur sich normalisiert. Die Regeneration des Gewebes wird gefördert, die Heilung verbessert.

Voraussetzung ist natürlich, daß die Ladungsträger den geschädigten Bezirk auch wirklich erreichen. Gerade im unteren Beinabschnitt, wo die Sehnen direkt unter der Haut liegen, wird man gute Einsatzmöglichkeiten dafür vorfinden.

Die Magnetfeldtherapie zielt auf die natürliche Polarisierung der Körperzellen ab. Krankhafte Störungen verschiedener Art können durch dieses Verfahren offenbar effektiv gebessert werden.

Lahmheit und Tierschutz

Daß akut auftretende und länger bestehende Lahmheiten gleichermaßen behandlungsbedürftig sind, darüber besteht weitgehende Einigkeit. Aus moralischen Gründen schwerer zu beurteilen sind oft Situationen, in denen alte Pferde, deren chronische Lahmheiten nicht mehr heilbar sind, als Gnadenbrotpferd oder zum Spazierenreiten für Kinder gehalten werden.

Hier sollte man zwei Grundüberlegungen vornehmen. Zum einen ist es nicht gerechtfertigt, das Leben eines solchen Tieres vorzeitig und gedankenlos zu beenden, in dem Glauben, der Mensch könne in gottgleicher Funktion

festlegen, daß nur ein absolut gesundes Pferd ein lebenswertes Gnadenbrotdasein führen könne. Hier sind Vergleiche aus dem Humanbereich durchaus angebracht, die klar gegen eine solche Abqualifizierung sprechen.

Andererseits muß bedacht werden, daß sich alte Pferde nicht wie alte Hunde oder Katzen häufig hinlegen und damit bestimmten Schmerzen zumindest zeitweise entgehen können. Im Gegenteil: Naturbedingt stehen Pferde so lange auf ihren Beinen, wie sie kräftemäßig dazu irgendwie in der Lage sind. Dieser natürliche Instinkt ist so stark, daß er Schmerzen überdeckt. Jeder Schmerz aber, dem das Pferd auf Dauer nicht entgehen kann, wird leicht zur nicht mehr zu rechtfertigenden Tierquälerei und sollte daher die Euthanasie des Tieres nach sich ziehen. Falsch verstandene Tierliebe kann hier Furchtbares anrichten. Die Feinanalyse sollte sich unter anderem immer am Gesamteindruck des Patienten orientieren, den der Besitzer vermutlich schon viele Jahre und daher gut kennt. Voraussetzung dafür ist natürlich, daß man die erforderliche Sensibilität besitzt.

Lahmheit – juristisch betrachtet

Es ist auffallend, daß die Kaiserliche Verordnung von 1899 keine der häufigen Lahmheitsursachen bei Pferden in die Liste der sechs Hauptmängel aufgenommen hat. Beinhaltet der Kaufvertrag über ein Pferd also keine über die Hauptmängel hinausgehenden Zusicherungen, ist Vorsicht geboten. Die Regel ist heute jedoch ein Vertrag, der sowohl die Verwendung des Pferdes definiert als auch das Freisein von gesundheitlichen Mängeln garantiert. Eine Ankaufsuntersuchung durch den Tierarzt ist aber in jedem Fall und auch bei weniger teuren Pferden anzuraten. Viele Lahmheiten kommen erst nach einiger Zeit zum Vorschein, die Symptome können teilweise medikamentös zurückgedrängt werden, oder es liegt ein für den Laien nicht erkennbarer krankhafter Zustand vor, der zwar noch nicht mit einer Lahmheit verbunden ist, diese jedoch demnächst erwarten läßt.

A bis Z der Lahmheiten

Arthritis und Arthrose (Gelenkentzündungen)

Als *Arthritis* wird eine akute Entzündung der Gelenke als Reaktion auf Reize bezeichnet. Die Entzündung kann verschiedene **Ursachen** haben: Wurde eine Arthritis durch Bakterien hervorgerufen, die etwa bei einer Verletzung der Gelenkkapsel in das Gelenk eingedrungen sind, bezeichnet man sie als *infektiös*.

Diese Situation ist für das Pferd überaus gefährlich, da sich die Bakterien in dem für sie idealen Milieu feuchter Wärme schnell vermehren und bald alle Gelenkanteile überschwemmen. Es werden Enzyme freigesetzt, die eine weitere Bildung der Gelenkschmiere (*Synovia*) reduzieren und den Gelenkknorpel auflösen. Umfangreiche Schäden im Gelenkknorpel aber bedeuten eine sehr schlechte Prognose, da sich durch die Bewegung des Gelenkes unter dem abgenutzten Knorpel in zunehmendem Maße Knochenwucherungen bilden, die zu Schmerz, Lahmheit und weiteren irreparablen Schäden im Gelenk führen.

Die Behandlung der frischen infektiösen Arthritis muß daher schnellstmöglich einsetzen, am besten innerhalb weniger Stunden nach der Infektion (s. a. S. 41: Beinwunden).

Eine Arthritis kann aber auch *nichtinfektiös* sein.

Diese Erkrankungsformen werden durch wiederholte Überbeanspruchungen, Schläge und andere stumpfe Gewalteinwirkung, aber auch durch eine ungünstige Stellung der Gliedmaßen gefördert oder ausgelöst. Es können alle Bestandteile eines Gelenkes betroffen sein, also die Gelenkkapsel, der Knorpel, die beteiligten Knochen und der Bandapparat des Gelenkes.

Die **Symptome** beider Formen der Arthritis sind ähnlich:

- Schwellung, Wärme, Schmerz und Lahmheit.
- Die Gelenkschmiere wird dünner und damit weniger reibungsmindernd oder ihre Produktion reduziert.

Auch hier droht wieder eine Zerstörung des Knorpels mit allen nachteiligen Folgen.

In diesem Stadium der Erkrankung muß der Patient möglichst bald intensiv behandelt und natürlich auch geschont werden.

Das Ziel der **Behandlung** besteht darin, die meist überschießende entzündliche Reaktion zurückzudrängen und eine nach Möglichkeit völlige Regeneration des erkrankten Gewebes zu erreichen. Gelingt dies nicht in einem angemessenen Zeitraum, kann die Entzündung chronisch werden und allmählich in eine Arthrose übergehen.

Arthrose kennzeichnet einen Zustand, der nicht mehr vollständig regenerierbar ist. Der Gelenkknorpel ist teilweise abgetragen, der darunterliegende Knochen freigelegt und möglicherweise schon mit Zubildungen versehen, die die Bewegung hemmen und schmerzhaft machen. Chronisch entzündete Bänder, Bandansätze, Sehnenansätze und Gelenkkapseln neigen überdies dazu, Kalziumsalze einzulagern und allmählich zu verknöchern, was ebenfalls Schmerz und Lahmheit bewirkt.

Sind die Knochenzubildungen nur am Rand des Gelenkes und die Verknöcherungen vergleichsweise geringen Umfangs, kann man den ursprünglichen Zustand durch eine Therapie zwar nicht wieder herstellen, wohl aber das Krankheitsgeschehen in Abhängigkeit vom Einzelfall so weit beeinflussen, daß eine eingeschränkte Nutzung oder schmerzfreier Weidegang für den Patienten möglich sind. In hochgradigen Fällen droht die Euthanasie (Tötung des Tieres) aus Tierschutzgründen. Alle Zwischenstadien kann man zwar in ihrem weiteren Ablauf bremsen, das allmähliche Fortschreiten der Krankheit aber nicht verhindern.

Ältere Pferde weisen an den Gelenken häufig kleinere Veränderungen auf, die als arthrotisch zu bezeichnen wären, ohne daß diese zu einer Lahmheit führen. Eine durch Laien unsachgemäß durchgeführte oder mit mangelnder Erfahrung bewertete Beugeprobe kann zu einer kurzzeitigen Lahmheit führen, ohne daß besondere krankheitsspezifische Beurteilungen daraus zu entnehmen wären.

Beinwunden

Als Wunde wird eine Zusammenhangstrennung der Haut bezeichnet.

Wunden an den Beinen müssen nicht unbedingt mit Lahmheiten verbunden sein, können aber in der Folge leicht zu Störungen am Bewegungsapparat führen oder mit weiteren Verletzungen verbunden sein.

Pferde ziehen sich Beinwunden immer noch häufig durch Stacheldraht und andere ungeeignete Einzäunungen zu, aber auch beim Anstoßen an vorspringende Kanten und das versehentliche Treten in im Gras oder Unterholz verborgene scharfkantige Gegenstände. Huftritte sind hingegen nur selten die Ursache für äußere Beinverletzungen.

- Oberflächliche Schürfwunden sind in der Regel ungefährlich.
- Tiefe Schnittwunden können durch erhebliche Blutverluste lebensbedrohlich werden.
- Die Infektionsgefahr ist bei allen Beinwunden, die die Oberhaut durchdringen, sehr hoch.
- Besonders gefährlich sind tiefe Stichwunden, die aufgrund ihres sauerstoffarmen Milieus dem Erreger des Wundstarrkrampfes (*Tetanus*) gute Wachstumsbedingungen bieten. Eine Impfung ist daher für jedes Pferd unbedingt erforderlich, zumal diese Krankheit oft tödlich verläuft, in jedem Fall aber äußerst qualvoll ist.
- Infektionen mit *Streptokokken* können zu einer *Phlegmone* (Einschuß, s. S. 44) führen, die auch nach kleinsten Hautwunden auftreten kann.

Auch zunächst harmlos erscheinende Beinwunden sollte man trotzdem genau überprüfen. Häufig sind sie nur der äußerlich sichtbare Teil einer tieferen Verletzung. Im Zweifelsfall muß der Tierarzt um eine Untersuchung gebeten werden. Ohnehin ist es ratsam, jede Beinwunde, bei der die Oberhaut völlig durchtrennt ist, vom Tierarzt kontrollieren zu lassen, um schwerwiegenden Folgeschäden vorzubeugen.

Für Laien ist es zumeist unmöglich, die Tiefe und Ausdehnung vor allem einer Stichwunde exakt nachzuvollziehen. Eine große Gefahr liegt daher in der nicht erkannten Infektion von Gelenken oder Sehnenscheiden. Solche Infektionen können ein Pferd in kürzester Zeit reituntauglich machen und führen nicht selten zur Euthanasie des Tieres.

Bis zum Eintreffen des Tierarztes ist die Abdeckung jeder Wunde mit einem **Verband** wichtig. Der Verband schützt vor weiterer Verschmutzung, die gerade an den Beinen aufgrund der Bodennähe leicht eintreten kann, mindert die Wundschwellung und erleichtert damit eine möglicherweise erforderliche Wundnaht. Er hat auch eine schmerzdämpfende Funktion.

Vor der tierärztlichen Untersuchung sollten keine Medikamente in die Wunde gebracht werden, auch keine Desinfektionsmittel, Salben oder Sprays. Diese Stoffe erschweren die Übersicht im Wundgebiet, was gerade bei tiefen Wunden ungünstige Folgen haben kann. Außerdem hemmen Desinfektionsmittel nachweislich die Heilung frischer Wunden.

Das erforderliche Verbandmaterial muß pferdegerechte Dimensionen haben und kann im Fachhandel erworben werden. Der Autoverbandkasten reicht zur Versorgung nicht aus.

Besonders wichtig ist die ausreichende Polsterung mit Verbandwatte oder anderem Material. Nie darf die Bandage direkt auf die Haut gelegt werden, es drohen schwerste Hautschäden durch Abschnürungen. Auch zur Versorgung großflächiger Wunden oder stark blutender Gefäßverletzungen sind erhebliche Verbandmengen erforderlich, deren Vorhandensein zum rechten Zeitpunkt am rechten Platz für das betroffene Pferd lebensrettend sein kann.

Bei rechtzeitiger Behandlung durch den Tierarzt heilen Beinwunden in der Regel ohne Folgeschäden aus, wenn keine tieferen Gewebestrukturen betroffen sind. Die korrekte Nachsorge durch den Pferdehalter hilft bei der Vermeidung unschöner Narben.

Chipfraktur

Bei einer Chipfraktur wird ein sehr kleines, flaches Knochenstück abgesprengt, das keine tragende Funktion hat. Daher wird der Knochen in seiner Stabilität nicht beeinträchtigt.

Ursache: Durch Tritte oder hartes Anstoßen an feste Gegenstände sind Chipfrakturen grundsätzlich an jeder Stelle des Knochens möglich. Trotzdem versteht man darunter im allgemeinen die Absprengung kleiner Knochenstücke im Bereich eines Gelenkes. Die spezielle Form der knöchernen Anteile des Gelenkes mit Graten, Ausziehungen und anderen Knochenvorsprüngen ist besonders empfindlich. Häufig finden sich Chipfrakturen daher im Fessel-, Vorderfußwurzel- und Sprunggelenk, seltener in Kron-, Huf- und anderen Gelenken. Sie entstehen vornehmlich in schneller

Bewegung bei extremer Überstreckung des Gelenkes, besonders in der Endphase von Rennen und anderen kurzen Spitzenbelastungen.

Ermüdete Muskulatur und vorherige wiederholte Überbeanspruchung der gefährdeten Knochenbereiche erhöhen das Risiko.

Da die Stabilität der Gliedmaße nicht beeinträchtigt wird, ist die Lahmheit unmittelbar nach dem Bruch gering, oft gar nicht vorhanden oder klingt zunächst schnell wieder ab.

Im weiteren Verlauf entwickelt sich eine unterschiedlich stark ausgeprägte Entzündung, die in ihren **Symptomen** einer Arthritis ähnlich ist: Geringgradige Umfangsvermehrung durch vermehrte Gelenkfüllung und Lahmheit verschiedenen Ausmaßes hängen von den Schäden ab, die im Gelenk durch die chipbedingten Störungen des Bewegungsablaufes gesetzt werden. Vor allem die Knorpelschicht ist davon betroffen. Kommt der Chip an einer günstigen Stelle zur Ruhe, bilden sich die Symptome zurück, um sich nach einer Verlagerung des Knochenstückchens in sensiblere Zonen erneut zu verstärken. Schwer berechenbar sind insbesondere frei bewegliche Chips, sogenannte Gelenkmäuse. Während der Bewegung können sie durch den Strom der Gelenkschmiere sowohl in unempfindliche, geräumigere Gelenkabschnitte an der Kapsel transportiert werden als sich auch in sensiblen Zonen verkeilen und dann natürlich plötzlich auftretende Schmerzen und deutliche Lahmheit verursachen. Auch diese kann nach Stunden oder Tagen ebenso schnell wieder abklingen, um später erneut aufzutreten.

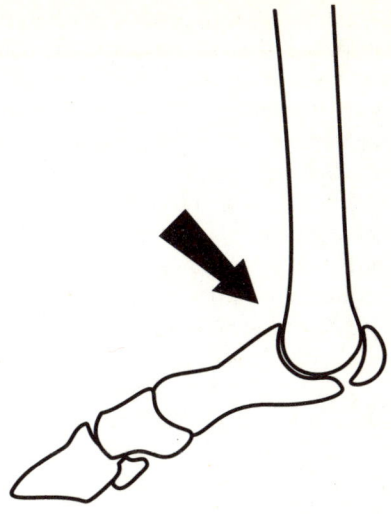

Tiefes Durchtreten im Fesselgelenk kann zur Absprengung kleiner Knochenteile führen, die als Chipfraktur bezeichnet werden.

Über Lage und Größe eines Chips geben Röntgenbilder Aufschluß. Unter Berücksichtigung der sonstigen Symptome und der weiteren Verwendung des Pferdes wird die **Therapie** gestaltet.

Liegen kleinere Gelenkchips fest und bereiten keine großen Probleme, kann man eine konservative Heilung durch eine längere Boxenruhe, anschließendes Führen an der Hand, späteres Freilaufen und ein im Anschluß daran einsetzendes erneutes Training versuchen. Der gesamte Heilungsprozeß nimmt meist mindestens ein halbes Jahr in Anspruch. Die Tauglichkeit für intensivere reiterliche Anforderungen ist danach nicht unbedingt gegeben, auch sind Rückfälle möglich oder eine dennoch einsetzende chronische Entzündung des Gelenkes mit allen nachteiligen Spätfolgen.

Eine operative Entfernung gilt im allgemeinen als sicherer und ist bei sehr großen oder besonders kleinen, dafür aber frei beweglichen Chips zumeist die einzige Möglichkeit, das Pferd langfristig nicht zu verlieren.

Kleinere Chips können über ein spezielles Instrument (*Arthroskop*) schonend entfernt werden, ohne das Gelenk ganz eröffnen zu müssen. Die Prognose ist bei rechtzeitigem Eingreifen unmittelbar nach der Absprengung am besten. Erschwerend ist es, wenn die Chipfraktur größere Defekte im Knorpel bewirkt hat, die das freie Gleiten im Gelenk beeinträchtigen.

Einschuß (Phlegmone)

Eine eitrige Entzündung der Unterhaut und des Bindegewebes wird als Einschuß bezeichnet.

Diese Krankheit tritt bei Pferden im Vergleich zu anderen Haustieren und dem Menschen häufig auf, und vornehmlich sind die Beine betroffen.

Eiterkeime – es handelt sich meist um *Streptokokken* – können durch kleinste Wunden unter die Oberhaut gelangen. Oft ist die Eintrittspforte später nicht mehr zu erkennen. Typischerweise verteilen sich die Keime zunächst diffus unter der Haut und bewirken daher eine flächige Entzündung unterschiedlichen Ausmaßes.

Symptome:
- Im Beinbereich treten kleinere Phlegmonen zunächst durch geschwollene, vermehrt warme Areale in Erscheinung. Eine Lahmheit besteht zu Beginn der Erkrankung nicht unbedingt. Sie wird aber immer deutlicher, je weiter sich die Entzündung ausdehnt, und ist besonders in Gelenknähe in späteren Stadien sehr schmerzhaft. Ausgedehnte Phlegmonen führen zu elefantenartig verdickten Beinen, deren Haut extrem gespannt ist.
- Hat die Entzündung eine gewisse Ausdehnung erreicht, tritt Fieber als weiteres Symptom hinzu.

Einschüsse sind seltener auch in anderen Bereichen des Körpers möglich, dort aber für den Laien oftmals zunächst nicht als solche zu erkennen. Innere Wunden können ebenfalls zu Phlegmonen führen, beispielsweise eine *Beckenphlegmone* nach Deckverletzungen.

Die Diagnose kann durch den Tierarzt leicht gestellt werden. Für den Laien besteht eine Verwechslungsmöglichkeit mit anderen Schwellungen.

Behandlung: Phlegmonen müssen umgehend vom Tierarzt behandelt werden. Dazu sind in der Regel hohe Dosen eines Antibiotikums erforderlich, die wiederholt verabreicht werden, meist aber auch weitere abschwellende und schmerzstillende Medikamente.

Die vom Pferdehalter durchzuführenden begleitenden Maßnahmen sind ebenfalls wichtig. Feucht-warme Verbände und die Einreibung mit durchblutungsfördernden Salben geben dem Körper die Möglichkeit, Abwehrzellen in das erkrankte Gewebe zu entsenden und die Bakterien zu bekämpfen. Man kann sich zu diesem Zweck eines Prießnitz-Verbandes bedienen:

Das Bein wird mit feuchten Handtüchern großzügig umwickelt, darüber bringt man eine Plastikfolie an, um die Verdunstung zu hemmen, und deckt sie mit einer dicken Wollbandage ab.

Unter diesem Verband entwickelt sich

bald eine intensive feuchte Wärme. Dabei ist es unerheblich, ob man die feuchten Tücher bereits angewärmt hat oder diese vom Pferd selbst erwärmt werden.

Die **Prognose** ist bei rechtzeitiger Behandlung insofern gut, als die Krankheit in der Regel problemlos ausheilt. Erfolgt die Behandlung zu spät, setzen die Keime tiefe Schäden im Gewebe. Die Wundheilung erfolgt dann nur langsam. In Extremfällen kann der Eiter in Gelenke und Blutgefäße einbrechen. Bei ausgedehnten Phlegmonen, die zu einer hochgradigen Umfangsvermehrung des Beines führen, muß auch bei optimaler Therapie mit Folgeschäden in Form von bleibenden derben Verdickungen gerechnet werden. Auch sind die Lymphgefäße oft in ihrer Funktion gestört. Das führt dazu, daß die betroffenen Pferde nach längerer Boxenruhe regelmäßig angelaufene Beine haben.

Hinweis: Typische Phlegmonewunden sind Stichwunden und alle Verletzungen, bei denen sich die Haut bald wieder schließt. Solche Wunden sind auch tetanusgefährdet, der Impfschutz sollte daher kontrolliert werden!

Fesselringbandverengung

Das Fesselringband liegt knapp über der breitesten Stelle des Fesselgelenkes in der Tiefe über dem Paket der Beugesehnen und hat die Funktion, die Beugesehnen in ihrer gemeinsamen Sehnenscheide in der richtigen Stellung zu halten. Es ist mit der oberflächlichen Beugesehne teilweise verwachsen.

Entzündungserscheinungen der Beugesehnen oder der Sehnenscheide können zu einer Schwellung dieser Strukturen führen, die sich im Bereich des darüberliegenden Fesselringbandes nicht ausdehnen kann und daher abgeschnürt wird. Außerdem kann das Fesselringband selbst in die Entzündung einbezogen werden, dadurch an Umfang gewinnen und das Problem verschlimmern. Der übermäßige Druck auf die Beugesehnen führt zu Durchblutungsproblemen, die Beweglichkeit der Sehne wird verringert, Gewebe kann absterben.

Die Entzündung geht häufig in ein chronisches Stadium über, in dem sich Lahmheit und, nach Schonung des Pferdes, lahmfreie Intervalle abwechseln. Ein äußerlich erkennbares **Symptom** ist die Stauung der Gleitflüssigkeit in der Sehnenscheide über dem Engpaß, die auf die Bildung einer *Galle* hinausläuft. Im Gegensatz zu einer Sehnenscheidengalle der Beugesehnenscheide (s. S. 49) ohne sonstige krankhafte Veränderungen ist dieses Symptom aber nicht harmlos. Für den Laien ist es äußerst schwierig, den Unterschied zu erkennen, so daß im Zweifelsfall ein Tierarzt zu befragen ist.

Eine chronische Verengung des Fesselringbandes kann medikamentös behandelt werden, doch bringt diese **Therapie** häufig keinen dauerhaften Erfolg, da jeder Entzündungsschub mit der Bildung von narbigem Bindegewebe einhergeht und den Raum daher weiter einengt. In der Regel muß das Fesselringband operativ durchtrennt werden, um das Problem zu beseitigen. Die Beugesehnen verlieren dadurch zwar zunächst an seitlicher Stabilisierung, doch wird der Verlust durch andere Strukturen im Fesselbereich überwiegend ausgeglichen.

Fesselträgerlahmheit

Ein Blick auf die Beinwinkelung des stehenden Pferdes aus seitlicher Richtung zeigt, daß das Fesselgelenk schon in der Ruhe in einer Postion deutlicher Überstreckung ist. In der Bewegung, insbesondere kurz vor dem Abfußen im Galopp, wird die Überstreckung noch verstärkt. Zur Stabilisierung besitzt das Pferd daher den **Fesseltragapparat.** Dieser besteht aus

- den Beuge- und Strecksehnen,
- den Seitenbändern der Gelenke und vor allem aus
- dem als Fesselträger bezeichneten, durchweg sehnigen, einen kompakten Strang bildenden *Musculus interosseus medius.*

Dieser nimmt seinen Ursprung auf der Rückseite des oberen Röhrbeines, direkt unter dem Karpalgelenk, verläuft in der Knochenrinne zwischen den Griffelbeinen nach unten und setzt an den Gleichbeinen an. Zusätzlich gibt er noch Seitenäste an die Strecksehne ab. Die Gleichbeine wiederum sind untereinander und durch Bänder am Kron- und Fesselbein fixiert. Dadurch werden die Gleichbeine zwischen dem Fesselträger und ihren Bändern eingespannt und bilden eine Haltevorrichtung, die ebenfalls zum Fesseltragapparat gehört.

Diese anatomischen Besonderheiten erklären, warum der Fesselträger, neben dem Gleichbeinbereich (s. S. 50), großen Zugbelastungen ausgesetzt ist und leicht erkrankt. Aufgrund der sehnigen Struktur gelten für Ursachen und Formen der Fesselträgererkrankungen die entsprechenden Ausführungen für die Sehnen (s. S. 83). Typisch ist jedoch, daß Lahmheiten durch Zerrungen des Fesselträgers aufgrund seiner versteckten Lage unter der gemeinsamen Sehnenscheide der tiefen und oberflächlichen Beugesehne für den Reiter schlechter zu erkennen sind. Schwellungen und Lahmheiten fallen hier zunächst kaum auf, während das Abdrükken am aufgehobenen Bein zumeist eine deutliche Schmerzreaktion hervorruft.

Probleme am Fesselträger führen zu Beginn zu einer wechselnden Lahmheit: Nach stärkerer Belastung ist die Bewegungsstörung ausgeprägter, durch Schonung bessert sie sich kurzfristig. Aufgrund der anatomisch-funktionellen Zusammenhänge sind Schmerzen am Fesselträger gelegentlich mit Erkrankungen der Gleichbeinbänder verbunden.

Auch die **Therapie** ist derjenigen der Sehnenschäden im allgemeinen ähnlich. In der Regel sind lange Schonzeiten bis zur völligen Ausheilung erforderlich.

Fohlenlahmheiten

Natürlich können auch Fohlen bereits unter Lahmheiten und anderen Problemen der Gliedmaßen leiden.

Zahlreiche *Fehlstellungen* der Beine werden bei Neugeborenen beobachtet. Wenngleich auch einige dieser Probleme im Verlauf der ersten Wochen und Monate von selbst verschwinden, so sollte man dennoch nicht leichtfertig annehmen, daß sich alle Fehlstellungen »verwachsen« würden. Die sicherste Vorgehensweise besteht in einer Begutachtung durch den Tierarzt oder ersatzweise durch einen wirklich erfahrenen Züchter, um den schmalen Grat zwischen Aktivismus und Verschleppung nicht zu verfehlen.

Der *angeborene Stelzfuß* ist eine krankhafte Gliedmaßenstellung durch zu starken Zug der tiefen Beugesehne. Als Ursache vermutet man unter anderem Fehllagen in der Gebärmutter und Ernährungsstörungen.

Die betroffenen Fohlen fußen nur auf der Zehenspitze, liegen dementsprechend viel und bewegen sich in Extremfällen auf der Oberseite der Fesselgelenke. Ohne Hilfestellung vermögen sie meist nicht zu saugen, außerdem treten schnell tiefreichende wunde Stellen über den Fesselgelenken auf.

Eine **Behandlung** ist fast immer erforderlich und hängt von der Schwere der Symptome ab: Physiotherapeutische Maßnahmen, Streckverbände und notfalls eine Operation kommen zum Einsatz.

Die gegenteilige Fehlstellung ist die *extreme Durchtrittigkeit* durch eine Schwäche der Zehenbeuger. Das Fohlen belastet den Huf nur im Ballenbereich, während die Zehenspitze abgehoben ist. Bei schweren Veränderungen kommt es zu einer Fußung auf der hinteren Fläche der Fessel.

In leichten Fällen ist zunächst meist keine Therapie erforderlich. Die Tiere dürfen sich zwar bewegen, sollten aber nicht zu lange auf der Weide toben. Wichtig ist auch hier die richtige Hufkorrektur durch einen erfahrenen Schmied. Eine ausgewogene Ernährung verbessert die Heilung. In schweren Fällen sind gepolsterte Stützverbände oder operative Eingriffe erforderlich.

Als *Achsenfehlstellungen* bezeichnet man seitliche Abweichungen in den langen Röhrenknochen oder durch Gelenkfehler, etwa Faßbeinigkeit oder bodenweite Stellung. Hier sind die Selbstheilungskräfte besonders hoch, die mit entsprechenden Hufkorrekturen unterstützt werden. Meist genügen diese Maßnahmen, um die Fehlstellung langfristig zu korrigieren.

Wie es der Name bereits andeutet, geht auch die *Fohlenlähme,* neben schweren Störungen des Allgemeinbefindens, mit Lahmheit bis zum Festliegen einher. Fohlenlähme wird durch Bakterien verursacht, die eine fieberhafte Infektion mit Beteiligung innerer Organe verursachen. Die Tiere saugen nicht mehr, werden zunehmend schwächer und können in kurzer Zeit sterben. Zugleich werden die großen Gelenke befallen und entzünden sich, dadurch kommen die Patienten nicht nur zum Festliegen, sondern können auch bleibende Schäden davontragen.

Die früher geübte Unterscheidung zwischen Früh- und Spätlähme aufgrund unterschiedlicher Erreger wird mittlerweile nicht mehr getroffen. Grundsätzlich kann die Erkrankung direkt nach der Geburt auftreten, ab der dritten Lebenswoche nimmt die Häufigkeit wieder ab.

Die Tiere infizieren sich in einigen Fällen schon in der Gebärmutter, häufiger während der Geburt oder direkt danach aus der Einstreu. Auch der Nabel kann als Eintrittspforte dienen.

Die **Therapie** mit Antibiotika ist oft nicht erfolgreich, besonders bei jungen Fohlen, die durch mangelhafte Milchaufnahme schnell abbauen, und dauert in jedem Fall lange.

Größte Bedeutung hat hingegen die gesicherte Aufnahme ausreichender Kolostrummengen (Biestmilch) in den ersten 24 Stunden nach der Geburt, damit dem Fohlen genügend Antikörper zur Verfügung stehen. Durch einen direkt im Stall durchführbaren Bluttest kann die Antiköperversorgung des Fohlens überprüft werden. Ist sie ausreichend, tritt keine Fohlenlähme auf. Anderenfalls muß der Antikörperschutz durch die Verfütterung von Kolostrum, auch von fremden Stuten, oder ersatzweise eine Blutübertragung gewährleistet werden. Die vorgeburtliche Impfung der Stute kann den Antikörpergehalt der Biestmilch weiter erhöhen.

Die Serumgabe am ersten Tag nach der Geburt hingegen hat als alleinige Maßnahme praktisch keinen Sinn. Als geradezu schädlich gelten mittlerweile vorbeugende Verabreichungen von Antibiotika.

Gallen

Der Ausdruck Galle ist eine Sammelbezeichnung für Umfangsvermehrungen am Bein des Pferdes, die durch die übermäßige Füllung von Gelenken, Schleimbeuteln oder Sehnenscheiden hervorgerufen werden. Von wenigen Ausnahmen abgesehen, führen Gallen in der Regel nicht zu Lahmheit.

Gelenkgallen kommen besonders häufig am Sprunggelenk und den Fesselgelenken vor. Die *Kreuzgalle* des Sprunggelenkes manifestiert sich in zwei zusammengehörenden Aussackungen beziehungsweise Umfangsvermehrungen der Gelenkkapsel. Eine Umfangsvermehrung liegt außen am Gelenk in der Vertiefung zwischen dem Sprunggelenkshöcker und der breitesten Stelle des Gelenkes, die andere auf der Innenseite,

nicht genau gegenüber, sondern diagonal nach unten versetzt. Die Umfangsvermehrung fühlt sich weich an, der Inhalt läßt sich durch Druck kurzfristig auf die andere Seite verschieben.

Wie andere Gallen auch können Kreuzgallen aus einer ungünstigen, steilen Gliedmaßenstellung entstehen oder nach plötzlicher Belastung junger Pferde auftreten. Das Gelenk reagiert mit einer übermäßigen Produktion der flüssigen Gelenkschmiere (*Synovia*). Weil die Gelenkkapsel überwiegend straff ist, gerät der vermehrte Inhalt zunehmend unter Druck und wölbt sich an den Kapselabschnitten vor, die nicht durch umgebendes Gewebe abgestützt werden. Die Abhängigkeit einer Gallenbildung von Fütterungsfaktoren wird vermutet, ist aber nicht eindeutig geklärt.

Ebenfalls paarig treten *Fesselgelenksgallen* auf. Sie werden auch als *Windgallen* bezeichnet und liegen beiderseits an der oberen Gelenkkontur.

Die **Diagnosestellung** ist relativ übersichtlich. Die Abgrenzung zu anderen Gallen erfolgt durch Betasten, der Verdacht auf knöcherne Veränderungen kann durch eine Röntgenaufnahme geklärt werden.

Der weitaus überwiegende Teil der Gelenksgallen bereitet keine gesundheitlichen Probleme. Sie können aber ein Warnhinweis sein und sollten dazu führen, mögliche Ursachen zu überdenken und abzustellen, vor allem Überlastungen des unreifen Jungpferdes. Eine weitere Therapie ist dann nicht erforderlich, die Veränderung gilt als Schönheitsfehler.

Gelegentlich verschwinden Gallen nach einiger Zeit ohne erkennbare Ursache wieder oder werden zumindest deutlich kleiner. In seltenen Fällen kann der übermäßige Innendruck des Gelenkes zu Bewegungseinschränkungen führen, die behandelt werden müssen. Aus rein kosmetischen Gründen sollte diese Behandlung, die unter anderem das Einbringen von Medikamenten direkt in das Gelenk umfaßt, nicht vorgenommen werden, da alle Manipulationen an Gelenken ein erhöhtes Behandlungsrisiko bedeuten und der Erfolg überdies nicht garantiert werden kann.

Eine der Gelenkschmiere ähnliche Gleitsubstanz befindet sich auch in den Sehnenscheiden. Aus Gründen, die denen der Gelenkgallenbildung ähnlich sind, kann sich auch die Gleitsubstanz in Sehnenscheiden stark vermehren. Diese Vorgänge sind jedoch nicht mit einer Sehnenscheidenentzündung (s. S. 85) zu verwechseln, sondern verlaufen ohne Wärme, Schmerz und Lahmheit. Wird das Pferd bewegt, verteilt sich die Flüssigkeit in der gesamten Sehnenscheide, das Bein wirkt dann klar und trocken bei normaler Kontur. In der Ruhe sammelt sich der Inhalt jedoch, der Schwerkraft folgend, am tiefsten Punkt der Sehnenscheide. Häufig ist die gemeinsame Beugesehnenscheide auf der Rückseite des Röhrbeines betroffen, so daß sich die Gallen als Ausbuchtungen mit weich-elastischem Inhalt an deren unterem Ende, direkt über dem Fesselgelenk, manifestieren. Sie können daher vom Laien leicht mit Fesselgelenksgallen verwechselt werden.

Eine weitere Sehnenscheidengalle ist die *Kurbengalle*. Sie entsteht durch eine vermehrte Füllung der Sehnenscheide, die von außen diagonal über das Sprunggelenk verläuft und kann aufgrund ihrer Lage mit einer Kreuzgalle verwechselt

werden. Auch die Sehnenscheidengallen bedürfen in der Regel keiner Therapie und sprechen auch auf kosmetische Maßnahmen, etwa das Einreiben mit durchblutungsfördernden Salben oder Bandagieren, praktisch nicht an.

Schleimbeutel sind geschlossene, von einer derben Hülle umgebene Strukturen, die Sehnen wie ein Polster an Stellen besonderer Druckbelastung, etwa über Knochenvorsprüngen, untergelagert sind. Auf Überlastung reagieren sie zuweilen mit einer vermehrten Füllung, die an optisch gut erkennbaren Stellen ohne umgebendes Gewebe als Galle in Erscheinung fällt. Am bekanntesten sind *Piephacke* und *Stollbeule*. Als Piephacke wird eine gallenförmige Umfangsvermehrung des Schleimbeutels auf dem Fersenbeinhöcker des Sprunggelenkes bezeichnet, die seltenere Stollbeule liegt am Ellbogenhöcker. Beide Gallen entstehen bevorzugt nach wiederholter stumpfer Gewalteinwirkung auf den Schleimbeutel, die Piephacke durch Anschlagen an Boxenwände oder Tritte, die Stollbeule, wie es der Name vermuten läßt, unter anderem durch Hufeisen mit großen Stollen beim Liegen mit angewinkelten Beinen.

Auch auf der Vorderseite des Vorderfußwurzelgelenkes sind vermehrt gefüllte Schleimbeutel in Form der *Karpalgallen* möglich, die beispielsweise nach Stürzen auf hartem Untergrund auftreten können.

Schleimbeutelgallen führen gelegentlich zu Bewegungsstörungen. Wenn medikamentöse Behandlungen und die Anwendung von Wärme oder Kälte erfolglos bleiben, kann eine Operation, in der das erkrankte Gewebe entfernt wird, hilfreich sein.

Gleichbeinerkrankungen

Die flach-rundlichen, paarigen Gleichbeine liegen am unteren hinteren Ende des Röhrbeines, direkt über dem Fesselgelenk. Sie sind zwischen den Gleichbeinbändern und dem Fesselträger eingespannt und so in ihrer Lage fixiert. Die den Beugesehnen zugewandte Fläche der Gleichbeine wird von einem verknorpelten Band schildförmig bedeckt und bildet mit diesem eine Gleitfläche für die Beugesehnen.

Die über die Gleichbeine ziehenden Beugesehnen, die Bandansätze und der Fesselträger üben erhebliche Zugkräfte auf die Gleichbeine aus, die daher anfällig für verschiedene Störungen sind.

Eine *Gleichbeinlahmheit* entsteht durch Entzündungsvorgänge, die oft auch die Bandansätze und Teile des Fesselträgers umfassen. Diese Prozesse sind schmerzhaft und führen zu unterschiedlich stark ausgeprägter Lahmheit. Die **Symptome** verstärken sich auf hartem Untergrund, bisweilen reduzieren die Patienten die Streckung des Fesselgelenks in der Bewegung.

Bereits zu Beginn der Krankheit läßt sich durch Druck auf den erkrankten Bereich eine Schmerzreaktion provozieren, später ist das Entzündungsgebiet sichtbar geschwollen, zeitweise auch vermehrt warm. In der Folge kommt es zu Verknöcherungen der Entzündungsherde, die die Lahmheit verschlimmern und die Erfolgsaussichten der **Behandlung** reduzieren. Diese besteht vor allem in einer zwei- bis vierwöchigen Ruhigstellung des Beines durch einen fixierenden Stützverband und die intensive, rechtzeitig einsetzende antientzündliche Therapie. Vom Zeitpunkt des Therapiebeginns hängt die Prognose entscheidend ab: Sind bereits umfangreiche Verknöcherungen vorhanden, sind die Aussichten ungünstiger. Durch Röntgenbilder kann der Grad der Verknöcherung überschlägig abgeschätzt und die Erkrankung von einem Gleichbeinbruch differenziert werden.

Gleichbeinbrüche entstehen, wie auch Gleichbeinlahmheiten, aus Fehlbelastungen des Beines in der Überstreckungsphase bei schneller Bewegung. Zum Bruch führen jedoch überwiegend plötzliche Krafteinwirkungen, etwa nach Hindernissen oder bei Vollblütern im Renngalopp, vor allem gegen Ende des Rennens, wenn die Muskulatur ermüdet ist und sich ruckartig kontrahiert, ohne für eine gleichmäßige Grundspannung der Sehnen zu sorgen.

Symptome: Die Lahmheit ist unmittelbar nach dem Bruch sehr deutlich. In der Ruhe entlastet der Patient das Bein, indem ein Durchtreten mit Überstreckung vermieden wird. Statt dessen stehen die Tiere mit hochgezogener Fessel, die umfangsvermehrt, warm und schmerzhaft ist. Röntgenbilder sichern die Diagnose ab. Bei extremer Durchtrittigkeit mit Bodenberührung des Fesselgelenks sind beide Gleichbeine gebrochen, es liegt ein sogenannter *Niederbruch* vor, der Fesseltragapparat ist zerstört. Diese Pferde werden in der Regel euthanasiert.

Die **Therapie** der Gleichbeinbrüche richtet sich nach der gewünschten späteren Verwendung des Pferdes sowie nach Art und Umfang des Bruches.

Soll das Pferd weiterhin sportliche Höchstleistungen erbringen, ist eine Operation sinnvoll, die kleinere Knochenteile entfernt, größere Bruchstücke aber durch Zugschrauben fixiert. Liegen die Bruchstücke gut beieinander und ist das Pferd nicht für Höchstleistungen bestimmt, kann man die Heilung auch ohne Operation unter völliger Ruhigstellung des Beines durch einen gipsähnlichen Verband erreichen. Dafür sind aber etwa drei bis vier Monate zu veranschlagen, denn die Zugspannung an den Gleichbeinen erschwert ein Zusammenwachsen.

Griffelbeinbruch

Die Griffelbeine sind während der Evolution des Pferdes zum Zehenspitzengänger funktionslos gewordene kleine Knochen und liegen auf der Rückseite des Röhrbeins. Mit diesem sind sie durch Bänder verbunden. Ihr oberes, keilförmig verdicktes Ende wird als Köpfchen bezeichnet und ist in das Vorderfußwurzel- beziehungsweise Sprunggelenk integriert. Das untere Ende weist ebenfalls eine als Knöpfchen bezeichnete knotige Verdickung auf, endet aber frei im Gewebe. Der Durchmesser der Griffelbeine beträgt bei einem Großpferd im oberen Bereich etwa zwei bis drei Zentimeter, unten sind es nur wenige Millimeter.

Ursachen: Brüche der Griffelbeine können durch äußere Verletzungen entstehen, zum Beispiel beim Anstoßen an harte Gegenstände, durch Tritte oder Streichen mit dem gegenseitigen Huf. Als innere Ursachen kommen Überlastungsstellungen in schneller Bewegung in Betracht, oft unterstützt durch eine verstärkte Spannung des sehnigen Fesselträgers. Griffelbeinbrüche treten ge-

häuft im unteren Drittel des Knochens auf. Die betroffenen Pferde sind überwiegend mindestens fünf Jahre alt; bei jüngeren Tieren vermutet man eine geringere Anfälligkeit durch elastischere Knochensubstanz.

Aufgrund der weitgehenden Funktionslosigkeit des Knochens ist der Bruch als akutes Ereignis nicht tragisch, solange er am Griffelbeinköpfchen nicht das Vorderfußwurzel- beziehungsweise Sprunggelenk einbezieht.

Symptome: Der betroffene Bereich ist verdickt, warm und druckempfindlich, und dies um so mehr, je weiter oben der Bruch liegt und je mehr Knochensplitter dabei entstanden sind. Zusätzlich kann der Fesselträger entzündet und das Fesselgelenk verdickt sein.

Lahmheit muß nicht unbedingt auftreten, vor allem glatte Brüche ohne Splitterbildung im unteren Bereich des Griffelbeines können zunächst unauffällig bleiben. Trotzdem ist es eher selten der Fall, daß das Pferd durch eine spontane Heilung auch sportlich wieder voll belastbar wird. In der Regel finden im Gefolge des Bruches ausgeprägte Umbauprozesse in dem betroffenen Knochenabschnitt statt, die zu einer entzündlichen Umfangsvermehrung, zu Einschmelzungen von Knochengewebe oder zu einer überschießenden Neubildung der Knochensubstanz führen. Diese als Kallus bezeichneten und zur Überbrückung des Bruchspaltes vom Körper gebildeten Knochenstrukturen können benachbarte Bereiche, vor allem den Fesselträger, in Mitleidenschaft ziehen. Röntgenbilder sind daher für die Diagnose wichtig.

Durch eine verhältnismäßig unkomplizierte Operation können die Bruchstücke entfernt werden. Bei geringer Mitbeschädigung des Fesselträgers erhalten die Pferde meist schnell ihre ursprüngliche Leistungsfähigkeit zurück.

Hahnentritt (Zuckfuß)

Ein Pferd mit Hahnentritt beugt das Sprunggelenk in der Schwebephase der Bewegung zuckend-ruckartig nach. Die Erkrankung betrifft meist nur ein Bein, kann aber auch an beiden Hinterbeinen zugleich auftreten.

Obwohl das nicht allzu häufige Symptom schon immer beobachtet worden ist, fehlt es bislang an einer plausiblen Erklärung. Man vermutet nervale Fehlimpulse, Muskelprobleme oder Verwachsungen des Sprunggelenks mit darüber hinwegziehenden Sehnen nach Entzündungen.

Die meisten Patienten zeigen nur ein geringfügiges Zucken, besonders in der Biegung, nach engen Wendungen und Rückwärtsrichten. Die Symptome pflegen zeitweise völlig zu verschwinden, dann aber auch wieder aufzutreten. In geringgradigen Fällen kann das Pferd weiter genutzt werden.

Als **Therapie** ist eine operative Teilentfernung der seitlich-außen über das Sprunggelenk ziehenden Endsehne des seitlichen Zehenstreckers bekannt, nach der sich die Symptome innerhalb einiger Wochen abschwächen und häufig ganz verschwinden. Dieser Umstand spricht für die Überlegung, daß Sehnenverwachsungen den Hahnentritt auslösen. Trotzdem gibt es auch viele Pferde, die auf die Operation nicht oder nur unvollständig ansprechen.

Daher empfiehlt es sich, bei nur geringen Symptomen und jungen Pferden zunächst abzuwarten, da der Hahnentritt nicht selten von selbst wieder verschwindet – auch dafür gibt es keine schlüssige Erklärung.

Hasenhacke

Eine derbe Auftreibung auf der Rückseite des Sprunggelenks, unterhalb des Sprunggelenkhöckers, wird als Hasenhacke bezeichnet. Sie entsteht durch eine Entzündung eines der Haltebänder des Sprunggelenks nach Anschlagen an Gegenstände, durch Tritte oder eine deutliche Überstreckung des Gelenkes. Auch übermäßige und plötzliche reiterliche Beanspruchung sowie eine ungünstige Anatomie der Hintergliedmaße (stark faßbeinig, stark kuhhessig) kommen als Ursache in Betracht.

In der akuten Phase besteht eine mehr oder weniger ausgeprägte Lahmheit, das Bein wird in der Ruhe häufig entlastet, im Bereich der Verdickung sind Wärme und Druckschmerz festzustellen. Besteht die Entzündung längere Zeit, stellt sich eine zusätzliche bindege-

Oben links: Auch kleine Verletzungen an den Beinen sollten sofort verbunden werden.
Oben rechts: Ansonsten besteht Infektionsgefahr, und durch erschwerte Wundnaht drohen unschöne Narben.
Unten links: Für die Kühlung der Beine kann man Kältekissen benutzen (nie mit direktem Hautkontakt!) ...
Unten rechts: ... oder einfach nur kaltes Wasser.

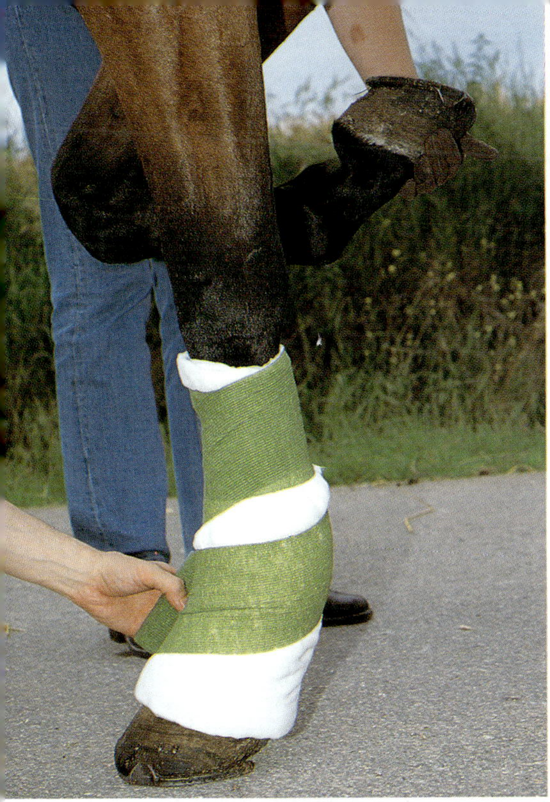

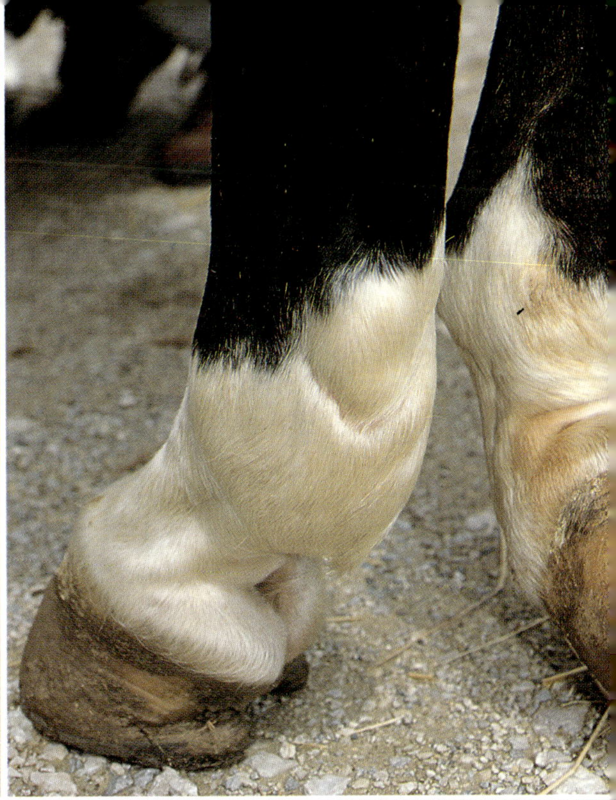

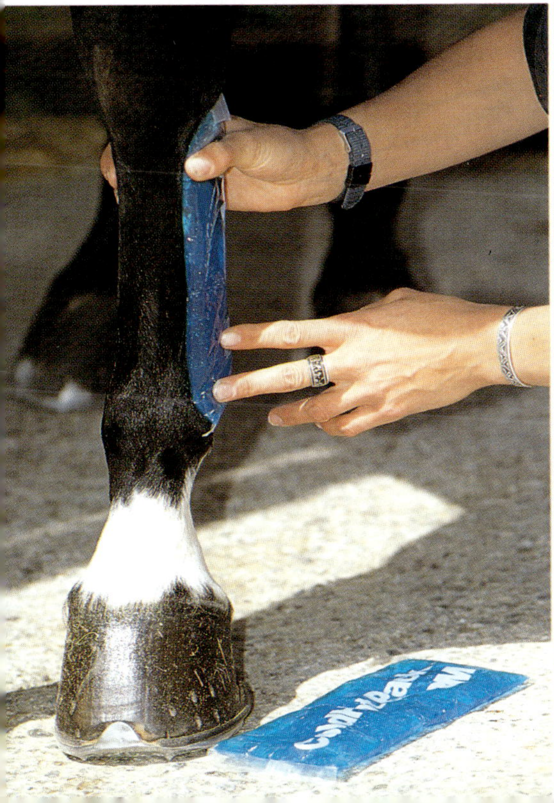

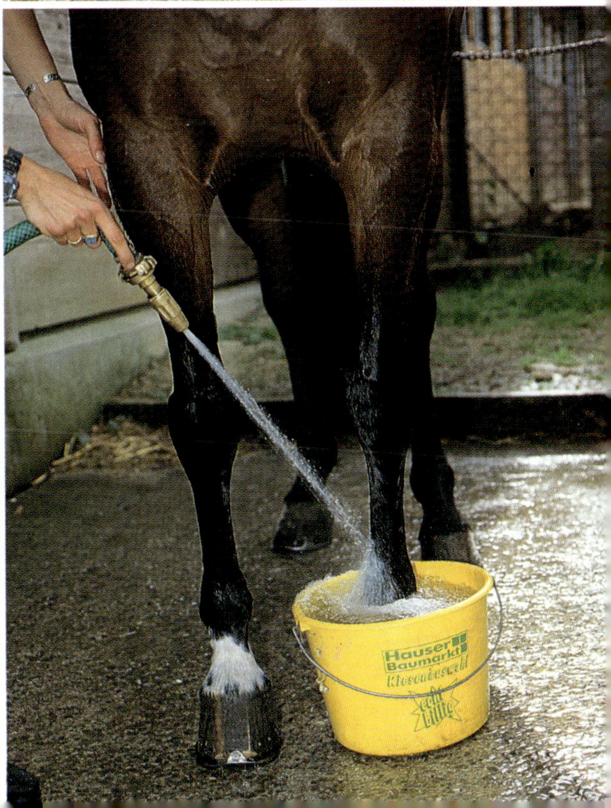
Hauser
Baumarkt

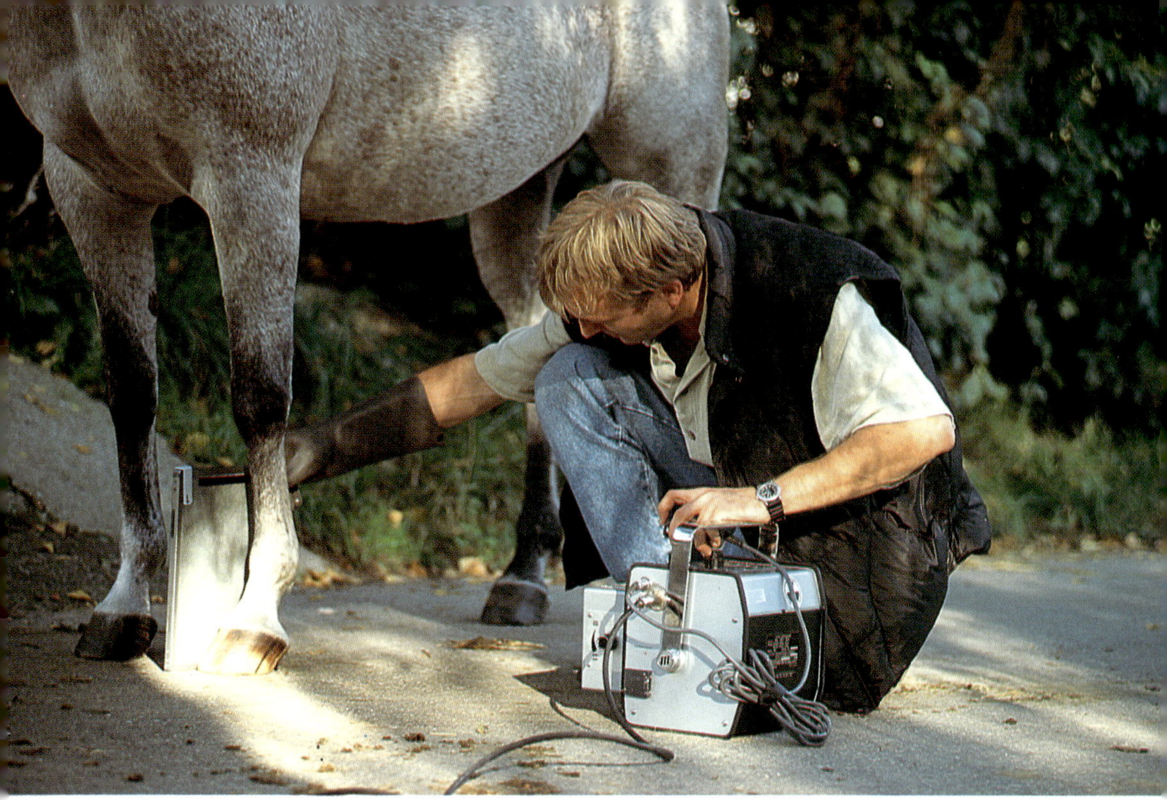

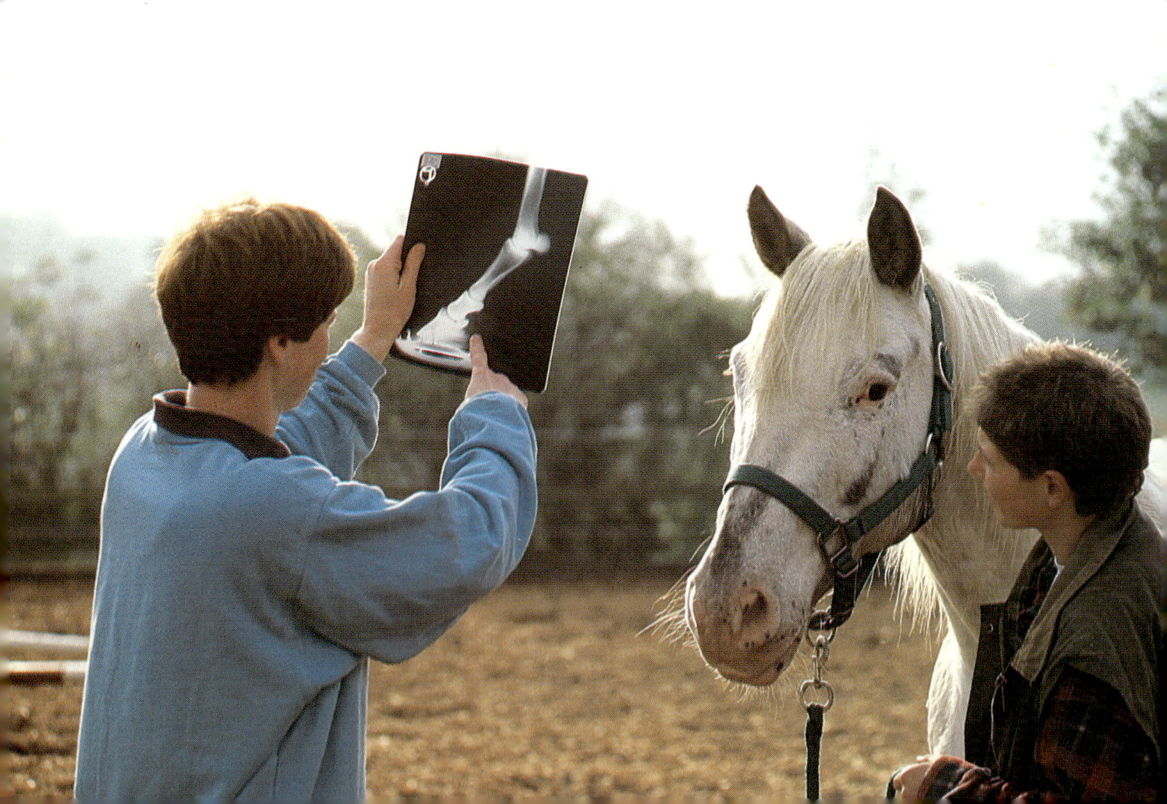

webige Verdickung ein. Auch eine knöcherne Zubildung ist möglich, wenn die Ursache in einer stumpfen Gewalteinwirkung lag, die zu einer Knochenhautreizung geführt hat.

Das Risiko einer bleibenden Bewegungsstörung ist relativ hoch, da das betroffene Band einen wesentlichen Anteil der Gelenkstabilisierung leistet und daher bei jeder Beugung und Streckung in Mitleidenschaft gezogen wird. Eine Therapie sollte daher möglichst früh eingeleitet werden. Durch massive Entzündungshemmung und die lokale Injektion von Kortikoiden versucht man, die Verdickung zur Rückbildung zu bringen. Nach einer längeren Ruhephase und schonender Aufbauarbeit gewinnen die Patienten in der Regel ihre volle Einsatzfähigkeit zurück.

Wird die Therapie zu spät eingeleitet, längere Zeit verschleppt oder das Pferd außerdem nicht geschont, ist die Prognose deutlich schlechter.

Hornsäule

Spindel-, kegel- oder säulenförmige Hornverdickungen, zumeist in der vorderen Hufwand, werden als Hornsäule bezeichnet. Sie bestehen aus irregulär gebildetem Narbenhorn.

Als **Ursache** kommen Veränderungen der hornbildenden Huflederhaut in

Oben: Mobile Röntgengeräte sind auch außerhalb einer Klinik einsetzbar.
Unten: Vertrauensverhältnis: Der Tierarzt erläutert dem Pferdebesitzer die Befunde der Röntgenaufnahme.

Betracht. Deformationen des Hufbeines nach Verletzungen durch Nageltritte oder tiefreichende Hufabszesse können mit einer Beschädigung der Lederhaut einhergehen, die darauf mit der Bildung von Narbenhorn reagiert. Auch Prellungen der Lederhaut und Steingallen in der Übergangszone zum Wandhorn können diesen Effekt haben. Ein Tumor der hornbildenden Zellen der Lederhaut (*Keratom*) kann ebenfalls zur Bildung einer Hornsäule führen.

Hornsäulen bleiben zunächst unerkannt und gehen anfänglich häufig nicht mit Lahmheit einher. Zufällig können sie durch eine bogenförmige Verlagerung der weißen Linie beim Zubereiten des Hufes entdeckt werden.

Trotz der anfänglichen Symptomlosigkeit sollte die Hornsäule mit Blick auf eine mögliche Tumorbeteiligung operiert werden. Bei diesem Eingriff werden zwei parallele Schnitte in Längsrichtung beiderseits der Hornsäule in die Hufwand bis auf die Lederhaut angelegt. Der dazwischenliegende Teil der Hufwand wird daraufhin heruntergeklappt, das darunterliegende veränderte Gewebe entfernt. Die Nachsorge ist so lange schwierig, bis sich eine erste dünne Hornschicht auf dem ausgedehnten Defekt gebildet hat und die Lederhaut damit vor möglichen Infektionen schützt. Ist die Wunde dann fest und trocken, kann der fehlende Wandabschnitt bis zum vollständigen Nachwachsen des Hornes vorübergehend durch ein Kunstharz ersetzt werden, um die Stabilität des Hufes zu verbessern.

Die Prognose ist von der Ursache der Hornsäule abhängig und bei tumoröser Herkunft und ausgedehnten Gewebeveränderungen unsicher.

Hornspalt

Als Hornspalte bezeichnet man Risse unterschiedlicher Länge und Tiefe in der Hornwand. Senkrechte Risse können am Tragrand beginnen und in Richtung Kronsaum verlaufen (*Tragrandhornspalte*) oder sich umgekehrt vom Kronsaum zum Tragrand erstrecken (*Kronsaumhornspalte*). In Abhängigkeit von der Lokalisation unterscheidet man weiter in Zehen-, Seiten- und Trachtenwandhornspalte.

Waagerechte Risse verlaufen parallel zum Kronsaum beziehungsweise zum Tragrand und werden auch als *Hornklüfte* bezeichnet.

Hornspalte entstehen vornehmlich durch zwei Faktoren: schnell wachsende, unregelmäßig geformte Hufe und zu trockenes Horn. Trockenes Horn reißt aus nachvollziehbaren physikalischen Gründen leichter ein als solches mit idealem Feuchtigkeitsgehalt und daher größerer Geschmeidigkeit. Aber auch unsymmetrische Hufwände, deren Sohlenhorn teilweise im Bereich der weißen Linie vom Horn des Tragrandes durch zu seltenes Ausschneiden der Hufe gelöst ist, können den unterschiedlichen Spannungskräften in der schnellen Bewegung schlechter standhalten.

Verletzungen im Bereich des im Kronsaum gelegenen Saumbandes, etwa nach mangelhaft versorgten Kronen- und Ballentritten, können das Wachstum von minderwertigem Horn bewirken und daher Zusammenhangstrennungen Vorschub leisten, ebenso wie die sogenannten *Fütterungsringe* durch plötzliche Futterumstellungen oder eine unausgewogene Ernährung.

Eine sogenannte *lose* oder *hohle Wand* kann ebenfalls Hornspalte provozieren, wie diese aber auch umgekehrt zu einer solchen führen können. Schließlich gibt es auch genetische Gründe für die Qualität des Hufhorns.

Hornspalte optisch zu erkennen ist in der Regel für den Pferdehalter kein Problem. Eine begleitende Lahmheit tritt in den meisten Fällen zunächst nicht auf. Reicht der Riß allerdings bis auf die Huflederhaut herab, wird diese alsbald mit einer starken Entzündung reagieren und daraus eine Lahmheit entstehen. Daher ist es wichtig, auch kleinste Risse sofort von einem Hufschmied oder Tierarzt begutachten zu lassen, um dieser Komplikation vorzubeugen.

Ist eine umgehende Hilfe nicht zu erwarten, kann man das weitere Fortschreiten des Risses provisorisch verlangsamen

● durch Raspeln einer Querrinne, die geringgradig tiefer als der Spalt ist;
● die Querrinne wird bei vom Tragrand ausgehenden Rissen an deren oberem Ende angelegt,
● vom Kronrand weg verlaufende Risse und Querrisse auf beiden Seiten werden am unteren Ende gestoppt.

Hornspalte sind am gefährlichsten, wenn die Huflederhaut bereits freiliegt und infiziert oder diese Komplikation aufgrund der Lage des Spaltes zu erwarten ist. Da die Hornwand im Bereich von Tragrand und Zehe am stabilsten, unter dem Kronsaum und an den Eckstreben aber am dünnsten ist, gilt das Risiko dort als besonders hoch.

Die **Therapie** richtet sich nach der Lage des Hornspaltes. Bereits vorhandene Infektionen werden medikamentös behandelt. Wesentlich sind aber die mechanischen Maßnahmen am Huf selbst, die eine langfristige Ruhigstellung des Hornschuhs erreichen sollen, damit anatomisch korrekt zusammenhängendes und mit der Lederhaut verhaftetes Horn nachwachsen kann.

Kleinere Spalte können durch eine entsprechende Zubereitung des Hufes, die das freie Schweben des unter dem Spalt gelegenen Tragrandabschnittes erlaubt, entlastet werden. Bei größeren Rissen benutzt man auch Drähte oder spezielle Bänder, um die Hornränder zu adaptieren. Kunstharze verschließen tiefe Zusammenhangstrennungen und schützen die Lederhaut vor Druck und Schmutz. Bei Seiten- und Trachtenwandhornspalten werden die veränderten Hornbereiche durch ein Hufeisen mit halbem Steg unterstützt.

Die **Prognose** ist bei nicht infizierten Tragrandhornspalten günstig. Bei gleichzeitigem Vorliegen einer Lederhautentzündung ist sie weniger gut. Kronrandhornspalten haben im allgemeinen eine schlechtere Prognose, wobei auch hier die Abwendung einer Infektion wichtig ist. Entscheidend sind die konsequente Behandlung und das Vermögen des Pferdes, möglichst schnell gesundes Horn nachzuschieben. In jedem Fall muß man sich auf eine längere Behandlung einstellen, da die Hornwand nur etwa vier bis sechs Millimeter pro Monat nachwächst.

Hufabszeß (sogenanntes Hufgeschwür)

Hufabszesse werden umgangssprachlich auch als Hufgeschwüre bezeichnet, obwohl dieser Ausdruck hier medizinisch nicht richtig ist. Vielmehr handelt es sich um zumeist abgekapselte eitrige Entzündungen zwischen Horn und Huflederhaut im Bereich von Wand, Sohle oder Eckstrebe.

Hufabszesse entstehen bevorzugt aus kleinen Zusammenhangstrennungen in der weißen Linie, die einen Teil der empfindlichen Lederhaut freilegen. Sehr trockene und dadurch rissige Hufe sind besonders gefährdet, denn in den teilweise nur mikroskopisch kleinen Spalten können Bakterien aufsteigen und unter der Hornwand zu einer Infektion führen.

Treten sich kleine Steinchen in die weiße Linie, werden diese bei jedem Schritt weiter in Richtung Kronrand geschoben und können ebenfalls zu Hufabszessen führen. Anfällig sind aber auch solche Pferde, die auf zu kurzen Barhufen laufen müssen. Ist das Horn des Tragrandes abgenutzt und sind erste Abriebspuren an Sohle und Strahl vorhanden, muß das Pferd unbedingt entweder bis zur Regeneration des Hufes aus der Reitnutzung genommen oder mit einem Hufschutz versehen werden.

Barfußgehen ist für gesunde Pferde mit regelhaft geformten Hufen die beste Form der Fortbewegung. Reitet man aber im Vertrauen auf die vermeintliche Natürlichkeit dieses Verfahrens trotz dünner, schmerzempfindlicher Hufe und sichtlicher Meidung jedes harten Untergrundes trotzdem weiter, ist das Tierquälerei.

Ein Hufabszeß ist für das Pferd sehr schmerzhaft, weil die Entzündungsprodukte unter der Hornkapsel aufgrund mangelnder Abflußmöglichkeiten unter Druck stehen. Die Lahmheit ist deutlich ausgeprägt, oft wird das erkrankte Bein

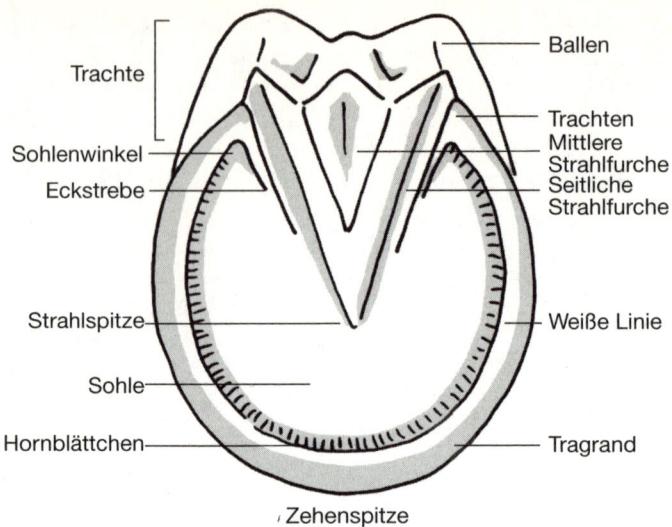

Trachte

Sohlenwinkel

Eckstrebe

Strahlspitze

Sohle

Hornblättchen

Ballen

Trachten
Mittlere
Strahlfurche
Seitliche
Strahlfurche

Weiße Linie

Tragrand

Zehenspitze

Huf in Sohlenansicht

nicht belastet. Die Symptome sind bisweilen so dramatisch, daß man zunächst an einen Knochenbruch denkt. Wand und Sohle des Hufes können auf Beklopfen schmerzempfindlich sein, fast immer fühlt man eine deutlich erhöhte Pulsation der Blutgefäße im Bereich des Fesselkopfes als Zeichen der Entzündung. Die Körpertemperatur des Patienten ist in der Regel nicht erhöht.

Wird der Abszeß nicht umgehend geöffnet, sucht sich der Eiter seinen Abfluß entlang des geringsten Widerstandes nach oben und bricht am Kronsaum im Bereich des Saumbandes durch.

Der Tierarzt stellt die **Diagnose** durch Abdrücken des Hufes mit der Hufuntersuchungszange. Im Bereich des Abszesses ist das Pferd besonders druckempfindlich. Zur **Behandlung** wird das Horn hier mit dem Hufmesser vorsichtig abgetragen und der Entzündungsherd freigelegt. Der Eiter fließt ab, und durch die Druckentlastung geht es dem Patienten am nächsten Tag bereits besser. Bei besonders harten Hufen ist es oft nicht möglich, den Abszeß gleich während der ersten Untersuchung zu finden und freizulegen. Dann wird zunächst für einen Tag ein feuchter Hufverband angelegt, der dem Pferd auch schon eine gewisse Erleichterung bringt. Diese Maßnahme kann auch vom Pferdehalter bereits vor dem Besuch des Tierarztes ergriffen werden, um dessen Arbeit zu erleichtern.

Durch das Abtragen des Hornes wird die empfindliche Huflederhaut im Bereich des Abszesses freigelegt. Der bis zur vollständigen Abtrocknung und Heilung zunächst täglich zu wechselnde Verband schützt die Lederhaut nicht nur vor Verschmutzungen und Verletzungen. Er verhindert durch ein kleines Druckpolster außerdem, daß Teile der Lederhaut vorfallen und das weitere Hornwachstum stören. Aus diesem

Grund ist auch im Anschluß an die Behandlung fast immer ein besonderes Hufeisen erforderlich, das diesen Bereich so lange vor Druck, Schmutz und Steinen schützt, bis genügend stabiles Horn nachgewachsen ist.

Bei rechtzeitiger Behandlung ist die Prognose gut, meist sind auch keine Antibiotika erforderlich, weil die Infektion lokal begrenzt ist. Wichtig ist es aber, den **Tetanusschutz** zu kontrollieren.

Verschleppte Abszesse können am Kronrand durchbrechen oder weite Teile des Hornschuhs unterminieren. Dann ist die Behandlung natürlich viel aufwendiger, und die Heilungsaussichten werden deutlich ungünstiger.

Hufknorpelverknöcherung

Die paarigen Hufknorpel erstecken sich von den Strahlbeinästen bis in den Ballenbereich. Straffe Bänder halten die Hufknorpel in vier Richtungen durch Verbindung zum Fessel-, Kron- und Hufbein in ihrer Position. Der Raum um die Hufknorpel wird vom Ballen- und Strahlpolster ausgefüllt.

Die Funktion der Hufknorpel liegt offenbar in der Stoßdämpfung und Federung während der Bewegung und trägt so dazu bei, die Erschütterungen der Gliedmaßensäule zu vermindern.

Ältere Pferde zeigen häufig eine natürliche, geringgradige knöcherne Durchbauung des Hufknorpels, die zu keinen Beschwerden führt. Eine überschießende Verknöcherung jedoch, wie sie überwiegend in den Vorderhufen auftritt, kann vor allem bei jungen und mittelalten Pferden zu Problemen führen.

Als **Auslöser** kommen neben ungleichmäßiger Belastung durch bodeneng oder bodenweit stehende Pferde vor allem Überbeanspruchungen durch stoßartige Erschütterungen in Betracht. Demzufolge waren von der Hufknor-

Störungen an den komplizierten Bändern und Knorpeln im Hufbereich erfordern eine aufwendige Diagnostik.

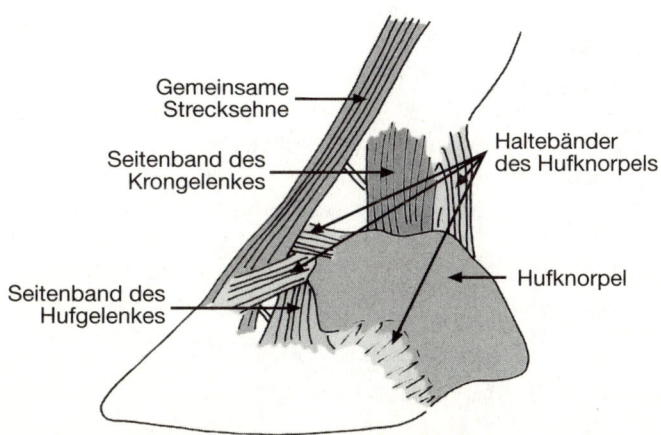

Gemeinsame Strecksehne

Seitenband des Krongelenkes

Haltebänder des Hufknorpels

Seitenband des Hufgelenkes

Hufknorpel

pelverknöcherung vor allem Wagenpferde betroffen, die lange Zeit auf gepflasterten Böden auch im Trab laufen mußten. Auch sonstige Bewegung in schneller Gangart auf hartem Boden, vermutlich auch die punktuelle Druckerhöhung durch häufige Verwendung besonders hoher Stollen sowie ein ungünstiger Beschlag können zu einer übermäßigen Verknöcherung der Hufknorpel führen.

Trotzdem führt diese Veränderung nur selten zu einer Lahmheit. Der Befund wird im Gegenteil zumeist zufällig durch Röntgenaufnahmen des Hufes aus anderen Gründen erhoben. Nur in hochgradigen Fällen können die veränderten Hufknorpel direkt mit der Hand im Ballenbereich gefühlt werden.

Eine Zuordnung der Lahmheit zu der Hufknorpelverknöcherung kann im allgemeinen nur dann sicher erfolgen, wenn zugleich auch Entzündungssymptome zu erkennen sind: Vermehrte Wärme und Schmerzhaftigkeit im Bereich der Hufknorpel deuten darauf hin, daß zur Zeit tatsächlich eine schmerzhafte Zubildung abläuft und die Lahmheit daher vermutlich keine anderen Ursachen hat.

Durch eine intensive **Therapie** mit Entzündungshemmern und Ruhigstellung des Pferdes bis zum Abklingen des akuten Schubes verschwinden Schmerz und Lahmheit in der Regel, auch wenn die inzwischen völlig verknöcherten Hufknorpel ihre Funktion dann nur noch eingeschränkt erfüllen können.

Nur ganz massive Zubildungen können zu einer nicht schmerzbedingten, sondern mechanischen Lahmheit durch Einengung des Bewegungsablaufs im Huf- und Krongelenk führen und haben eine dementsprechend schlechte Prognose bezüglich einer weiteren Reittauglichkeit des Pferdes.

Der Hufbeschlag bei Pferden mit Hufknorpelverknöcherung sollte das Abrollen in der Bewegung erleichtern, um Stöße nach Möglichkeit zu reduzieren.

Hufkrebs

Obwohl der Name zu dieser Vermutung Anlaß geben könnte, ist der Hufkrebs kein Tumor im eigentlichen Sinne. Vielmehr wird die hornbildende Lederhaut des Hufes aus bisher ungeklärten Ursachen zu unkontrolliertem, zerklüftetem Wachstum angeregt. Die Veränderung geht meist vom Strahl aus und kann sich in fortgeschrittenen Fällen auf das Sohlen- und Wandhorn erstrecken. Es wird vermutet, daß die Krankheit durch das ständige Stehen in besonders schmutziger, jauchiger Einstreu gefördert wird, zumal sie bevorzugt an den Hinterhufen auftritt und vor allem Pferde mit schlechter Hufpflege trifft. Trotzdem ist Hufkrebs, insbesondere bei leichten Warmblütern, Vollblütern und Ponys, eine seltene Erkrankung. Sie sollte nicht mit Strahlfäule verwechselt werden.

In der Folge der sich immer weiter zerklüftenden Lederhaut wird auch das von ihr gebildete Hufhorn locker, porös und zunächst bröcklig, später schmierig und von faulig-aufdringlichem Geruch. Die nun den Bakterien ausgesetzte Lederhaut kann sich ihrerseits entzünden und das Geschehen verkomplizieren. Lahmheit tritt erst im fortgeschrittenen Stadium auf, ist dann aber zumeist hochgradig.

Es gibt zahlreiche **Therapievorschlä-ge,** deren Erfolge aber gering sind und in jedem Fall viel Zeit in Anspruch nehmen.

Die lokale Behandlung erfolgt mit desinfizierend und austrocknend wirkenden Stoffen, außerdem erhält der Patient eine antibiotische Versorgung und abschwellende sowie schmerzstillende Medikamente.

Das Kernproblem der veränderten Lederhaut ist damit aber nicht behoben, und die erforderliche chirurgische Entfernung der betroffenen Bereiche würde das Hornwachstum in diesem Bereich unmöglich machen. Die Prognose ist daher unsicher.

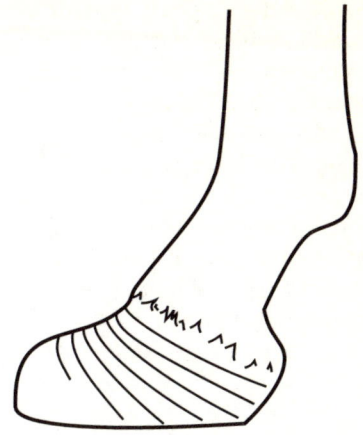

Das äußere Resultat einer verschleppten Hufrehe: Knollhufbildung

Hufrehe

Als Hufrehe wird eine schmerzhafte Entzündung der gesamten Hufleder-haut bezeichnet, die jedoch nicht, wie etwa bei einem lokal begrenzten Hufab-szeß, durch eine Infektion entsteht.

Das voll ausgeprägte Krankheitsbild ist die Folge einer Kette von Abläufen im Körper.

Bei der *toxischen Hufrehe* wird die Darmflora des Pferdes durch plötzliche Futterumstellungen geschädigt; die Darmbakterien sterben in großem Umfang ab. Dabei treten Giftstoffe aus dem Darm in den Körper und bewirken die Bildung von Blutgerinnseln, die sich in den kleinen Blutgefäßen der Hufleder-haut festsetzen und die Durchblutung dort erheblich stören. Der einsetzende Schmerz führt zusätzlich zu Krämpfen der Blutgefäße, die das Problem verschlimmern.

Ursachen sind vor allem
- leicht vergärbare, rohfaserarme Futtermittel in ungewohnten Mengen, etwa frisches Weidegras. Der oft angeführte zu hohe Eiweißgehalt ist dagegen von untergeordneter Bedeutung.
- Aber auch die plötzliche übermäßige Aufnahme von Getreide, überstürztes Trinken von kaltem Wasser bei erhitztem Körper und schwere Darmstörungen durch eine unumgängliche antibiotische Therapie können zum Auslöser werden.
- Schließlich kann die toxische Hufrehe durch *Nachgeburtsverhaltung* mit anschließender Infektion der Gebärmutter (*Uterus*) entstehen.

Belastungsrehen entstehen durch übermäßige Arbeit auf hartem Untergrund mit dauernder Prellung und Quetschung des Hufbeines, besonders im Zehenbereich. Belastet ein Pferd aufgrund schmerzhafter Prozesse ein Bein für längere Zeit gar nicht, muß die andere Gliedmaße das gesamte Gewicht aufnehmen und kann an einer Belastungsrehe erkranken.

Außerdem gibt es weitere, den bisher erwähnten Kategorien nicht eindeutig zuzuordnende Gründe. Dazu gehören
- Giftstoffe aus Futterpflanzen,
- bestimmte hormonelle Störungen,
- die Nebenwirkungen einiger Medikamente.

Hufrehe tritt bevorzugt an den Vorderbeinen auf, es können aber auch die Hinterbeine, alle vier Gliedmaßen oder nur ein einzelner Huf betroffen sein.

Symptome: Die Patienten mit vollem Krankheitsbild haben starke Schmerzen, häufig werden erhöhte Puls- und Atemfrequenzen sowie ausgeprägtes Schwitzen beobachtet. Sind die Vorderbeine betroffen, ist eine Körperstellung mit weit untertretenden Hinterbeinen charakteristisch, um die erkrankten Vorderhufe nur im Trachtenbereich, nicht aber über die Zehe zu belasten. Einige Pferde legen sich ab. Typisch ist auch eine verstärkte Pulsation am Fesselkopf.

Geringgradige Reheanfälle können unter Umständen zunächst übersehen werden. Die Tiere entlasten abwechselnd einen Vorderhuf, später gehen sie nur noch steif vorwärts und weigern sich, einen Vorderhuf zu heben, um der schmerzhaften Gewichtsverlagerung auf das andere Bein auszuweichen.

Die **Diagnose** ist für den Tierarzt eindeutig, muß aber schnell gestellt werden: Jede Verzögerung der Behandlung, die innerhalb der ersten 12 Stunden einsetzen sollte, kann das Krankheitsbild verschlimmern. Durch Entzündung lockert sich die Verbindung der Lederhaut mit dem Horn. Da das Gewicht des Pferdes aber weiter auf den Huf einwirkt, verstärkt durch den Zug der am Hufbein ansetzenden tiefen Beugeseh-

Links: Normale Hufbeinstellung im gesunden Zustand.
Rechts: Hufbeinrotation bei Hufrehe – Die Verbindung zwischen Hufbein und Hornkapsel ist gelockert. Der Zug der tiefen Beugesehne führt daher zur Verschiebung des Hufbeins.

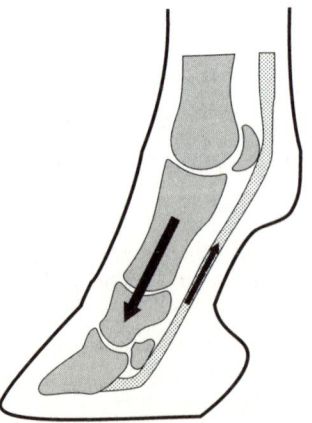
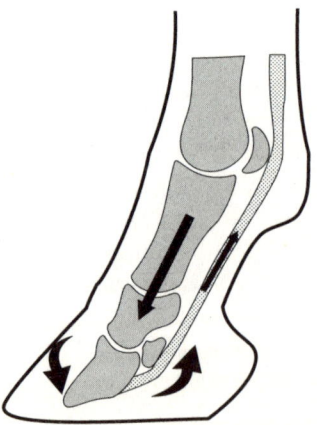

ne, kann sich das Hufbein in Form von Senkung und Rotation aus seiner normalen Position bewegen und im Extremfall durch die Hufsohle nach außen brechen.

Die **Therapie** besteht in der Verabreichung von Medikamenten, die die Entzündung regulieren und die Krämpfe der Blutgefäße lösen. Das Ziel ist eine Normalisierung der Durchblutung, der Abbau von Entzündungsprodukten und die Heilung der angegriffenen Lederhaut, damit die Verbindung zum Hufbein aufrechterhalten beziehungsweise wieder hergestellt wird.

Zu den begleitenden physikalischen Maßnahmen gibt es unterschiedliche, jedoch gut begründete Ansichten:

Die Befürworter einer Kühlung der Hufe verweisen auf den schmerzdämpfenden Effekt dieser Maßnahme, der die Gefäßkrämpfe reduziert und damit die Durchblutung normalisiert. Für eine wärmende Therapie spricht der Umstand, daß auf diesem Wege sofort eine bessere Blutversorgung eintritt. Der Schmerz allerdings kann zunächst verstärkt werden.

Weitgehende Einigkeit herrscht in der veterinärmedizinischen Lehrmeinung darüber, daß der Patient im Anfangsstadium keinesfalls bewegt werden darf, um das Risiko einer Verlagerung des Hufbeins nicht zu erhöhen. Liegende Pferde soll man aus diesem Grund nicht auftreiben, da das Hufbein im Liegen optimal entlastet wird.

Eine Außenseitermeinung besagt, daß die Patienten von Beginn der Erkrankung an bewegt werden sollen, auch wenn sie sich zunächst dagegen sträuben. Dadurch werde die endgültige Heilung beschleunigt. Dieses Vorgehen kann mit extremen Schmerzen für die Tiere verbunden und daher unter Umständen tierschutzwidrig sein. Es steht im Gegensatz zu den bislang vermuteten Mechanismen der Heilung und kann bei frischen Hufrehen noch nicht empfohlen werden. Bei bestimmten Formen chronischer Hufrehe sind mit der tierärztlich kontrollierten Anwendung dieser Methode jedoch offenbar überraschend gute Heilerfolge erzielt worden.

Mit umfangreichen Korrekturen am Barhuf oder entsprechenden Beschlägen wird die Behandlung nach dem Abklingen des Reheanfalls fortgesetzt. Dabei versucht man eine Entlastung der Spitze des Hufbeins sowie eine plane Fußung zu erreichen. Rehebedingte Verformungen werden so verhindert oder bei ihrem Auftreten nach Möglichkeit ausgeglichen.

Die **Prognose** einer akuten Hufrehe ist auch bei rechtzeitiger Behandlung, also innerhalb der ersten 12 Stunden, unsicher.

Ungünstig bis schlecht wird sie jedoch immer dann, wenn schon eine Verlagerung des Hufbeines eingesetzt und die Krankheit damit einen chronischen Charakter bekommen hat. Diese Hufbeinrotation kann im ungünstigsten Fall bereits 48 Stunden nach Beginn der Krankheit auftreten.

Einmal von Rehe betroffene Pferde neigen zu wiederholten Erkrankungen. Hier kommt der Prophylaxe besondere Bedeutung zu.

Hinweis: Es ist in jedem Fall hilfreich, weil schmerzstillend, die Hufe des Patienten schon in der Wartezeit auf den Tierarzt mit Wasser zu kühlen. Liegende Pferde treibt man aber nicht auf, sondern legt einen nassen Hufverband, den man in zehnminütigen Abständen angießt, im Liegen an.

Hufrollenentzündung

Kaum einer anderen orthopädischen Erkrankung wird in Reiterkreisen so viel Aufmerksamkeit gewidmet wie der auch als *Strahlbeinlahmheit* bezeichneten Hufrollenentzündung.

Die an der Unterseite des Hufbeines ansetzende tiefe Beugesehne findet im Bereich des Strahlbeines ihren Umschlagpunkt und wird dort von einem Schleimbeutel unterlagert. Anatomische Besonderheiten machen das Pferd für schmerzhafte Veränderungen in dieser Zone anfällig.

Betroffen sind offenbar vornehmlich Tiere mit steiler Gliedmaßenstellung, schwachem Strahlbein und im Verhältnis zum Körpergewicht kleinen Hufen, bei denen die bewegungsbedingten Erschütterungen auf eine vergleichsweise kleine Fläche verteilt werden. Reiterliche Nutzung auf hartem Boden in schneller Gangart, übertriebenes Hindernisspringen mit jungen Pferden und plötzliche Belastungen untrainierter Tiere erhöhen das Risiko beträchtlich. Die Veranlagung scheint genetisch fixiert zu sein.

Neuere Untersuchungen zeigen, daß Pferde mit Zwanghufen besonders anfällig sind. Außerdem besteht der begründete Verdacht eines direkten Zusammenhangs zu dem jahrelangen Tragen von zu engen Hufeisen. Die Veränderung in der Hufwinkelung und Einschränkung der normalen Hufmechanik führt zu einer Verschlechterung der Durchblutung im Hufrollenbereich.

Im Verlauf der Erkrankung wird die Knorpelschicht des Strahlbeines zunehmend rauher, wodurch das Gleiten der tiefen Beugesehne erschwert wird. Jeder vermehrte Druck der unter Spannung stehenden Sehne auf das Strahlbein, etwa durch die eingangs genannten ungünstigen Umstände, verschlimmert das Problem. Ist der Knorpel an einigen Stellen schließlich vollständig aufgelöst, reibt die Sehne bei jeder Bewegung über den noch härteren Knochen des Strahlbeines. Schließlich finden Verwachsungen zwischen der Sehne und ihrer Gleitfläche statt, welche die schmerzhafte Entzündung weiter anfachen.

Über den feingeweblichen Ablauf der Erkrankung und die **Ursachen** für die zur Lahmheit führenden Schmerzen gibt es verschiedene Theorien. Möglicherweise steht am Anfang eine Entzündung des Hufrollenschleimbeutels, die das Strahlbein sekundär schädigt. Andere Überlegungen gehen von mangelhafter Blutversorgung aus, der kompensatorische Umbauprozesse im Strahlbein folgen, oder vermuten aus noch ungeklärter Ursache übersteigerte Strukturveränderungen in der schützenden Knorpelschicht.

Die Strahlbeinlahmheit betrifft in der Regel beide Beine. Das Pferd lahmt aber nur auf dem am stärksten betroffenen und damit schmerzhaftesten Bein. Zu Beginn der Erkrankung verschwindet die Lahmheit nach Schonungsphasen und verstärkt sich am Folgetag nach einer besonderen Belastung erneut. In frühen Stadien wird das schmerzhaftere Bein durch Voranstellen in der Ruhe oder beim Grasen entlastet, später findet eine mehr oder weniger deutliche Zehenspitzenfußung statt, da der Patient eine Belastung des etwa in der Mitte des Hufes gelegenen Strahlbeines vermeidet. Die Bewegungen werden entsprechend kurz, unsymmetrisch und schwunglos, nicht selten vermutet der Reiter daher zunächst eine Schulterlahmheit. Ausgeprägte Zehenspitzenfußung kann zu Prellungen der Huflederhaut in diesem Bereich führen.

Bei der tierärztlichen **Untersuchung** steht die diagnostische Anästhesie im Vordergrund. Durch eine Betäubung der für den Hufrollenbereich bedeutsamen Nervenbahnen wird der Schmerz kurzfristig unterdrückt, woraufhin das Pferd deutlich besser läuft. Nicht selten springt die Lahmheit aber dann auf die andere, bisher weniger schmerzempfindliche Seite um und verschwindet erst dann fast gänzlich, wenn auch dieses Bein betäubt wird.

Die anschließend erforderlichen Röntgenbilder zeigen das Ausmaß der knorpeligen und knöchernen Veränderungen am Strahlbein. Zu ihrer Beurteilung werden verschiedene Kriterien herangezogen, unter anderem die Dichte der Knochensubstanz, das Ausmaß und die Form der Schäden auf der Sehnengleitfläche und deren Bezug zu dem Gesamtbild, das das Pferd bei den sonstigen Untersuchungen geboten hat.

Steht die Diagnose fest, so hängen die **Therapieversuche** von Alter, Verwendungszweck und Gesamtkondition des Pferdes ab. Neben der Verabreichung verschiedener Medikamente, die die Entzündung eindämmen und die Durchblutung des Knorpels verbessern und damit den Krankheitsprozeß bremsen sollen, werden Hufbeschläge mit erhöhten Schenkeln eingesetzt, um den Druck der tiefen Beugesehne auf das Strahlbein dauerhaft zu vermindern. Entscheidend dürfte aber sein, daß dem Patienten eine längere Schonungszeit zugebilligt wird.

Eine alternative Behandlungsmethode betrachtet das übliche Steilerstellen des Hufs als geradezu schädlich und erzielt offenbar überdurchschnittlich gute Ergebnisse mit Barhufen. Hier verbessert sich die Durchblutung im Bereich der Hufrolle vermutlich sehr, wodurch eine tatsächliche Heilung in Gang gesetzt wird.

Die **Prognose** ist trotz moderner Behandlungsformen bislang ungünstig. Sie hängt sehr vom Einzeltier ab. Wird die Krankheit rechtzeitig erkannt, intensiv behandelt und das Pferd im Optimalfall für ein Jahr zur Regeneration nur auf die Weide gestellt, bestehen vergleichsweise gute Chancen. Bei gegenteiliger Sachlage und wenn der Besitzer keine längere Schonung akzeptiert, sind die Aussichten äußerst schlecht. Haben bereits tiefe Veränderungen im Knochen stattgefunden, gepaart mit deutlicher Lahmheit, wird man in der Regel damit zufrieden sein können, wenn dem Patienten ein weitgehend schmerzfreies Gnadenbrotleben auf der Weide gewährt werden kann.

Der Nervenschnitt (*Neurektomie*) ist ein operativer Eingriff, bei dem ein Teil der Nervenbahnen im unteren Beinbereich entfernt wird. So wird der im Hufrollenbereich entstehende Schmerz vom Pferd nicht mehr wahrgenommen. Die Krankheit wird dadurch natürlich nicht geheilt, sondern im Gegenteil beschleunigt. Der nun schmerzfreie Patient kann nämlich wieder belastet werden und gibt damit Anlaß zu einem zügigen Fortschreiten der Strahlbeinzerstörungen.

Nach dem Eingriff können sich als Komplikation schmerzhafte Entzündungen an den Nervenstümpfen ergeben; auch ist es bei mangelhafter Operationstechnik möglich, daß sich später Verzweigungen bilden und die Nervenenden doch wieder in Kontakt treten. Schließlich bleibt die Gangunsicherheit zu berücksichtigen, die durch den Wegfall des Tastsinnes im Hufbereich eintritt. Die Durchführung eine Nervenschnittes ist also sorgfältig abzuwägen, auch unter Tierschutzaspekten. Dient der Eingriff lediglich dazu, ein erfolgreiches Turnierpferd möglichst ungestört im Sport weiter ausnutzen zu können, wäre dies aus ethischen Gründen abzulehnen. Die Praxis zeigt allerdings, daß für die betroffenen Pferde aufgrund wirtschaftlicher Erwägungen der Besitzer anderenfalls nur zu oft alle Zeichen auf eine Schlachtung deuten. Dann kann der Nervenschnitt trotz allem die bessere Alternative darstellen. Er bleibt jedoch letztlich ein verstümmelnder Eingriff.

Gerechtfertigt ist er vermutlich immer dann, wenn er dem Pferd einen schmerzfreien Lebensabend bei wirklich minimaler Belastung oder das Dasein als Gnadenbrottier ermöglicht.

Intermittierendes Hinken

Mit diesem Fachausdruck wird ein Zustand beschrieben, der bei einer plötzlichen Durchblutungsstörung ganzer Muskelgruppen beobachtet wird. In diesen Muskeln findet keine Sauerstoffversorgung mehr statt. Es entstehen schwere Schmerzzustände und eine anfallsweise deutliche Lahmheit.

Dieser Zustand tritt relativ selten auf, ist aber bei Pferden durch eine Verstopfung (*Thrombose*) einer der großen Arterien im Oberschenkelbereich der Hinterbeine bekannt. Solche Thromben, also umfangreiche Blutgerinnsel, entstehen offenbar überwiegend durch die von wandernden Wurmlarven gesetzten Schäden in der Wand der Blutgefäße.

In der Ruhe oder bei langsamer Bewegung ist die Blutdurchlässigkeit und damit die Versorgung für den wenig belasteten Muskel noch hoch genug. Wird das Pferd aber so bewegt, daß die Muskulatur mehr Sauerstoff braucht, reicht die mangelhafte Blutversorgung nicht mehr zur Bedarfsdeckung aus. Dieser Zustand ist sehr schmerzhaft, und der Schmerz nimmt weiter zu, wenn das Pferd nicht sofort ruhiggestellt wird. Die Tiere zeigen eine hochgradige Hangbeinlahmheit, einige legen sich hin. Der Schmerz kann zu Schweißausbrüchen führen. Nach einiger Zeit der Ruhe ist die hohe *Sauerstoffschuld* abgetragen, der Patient erholt sich wieder bis zur nächsten Belastung. Das Krankheitsbild ist dramatisch, in der Praxis aber sehr selten.

Eine **Therapie,** die die Gerinnsel auflösen soll, ist meistens ohne Erfolg, da die Thromben in der Regel schon bindegewebig verhärtet sind. Nach längerer Zeit bildet der Körper zahlreiche kleinere Umleitungsgefäße aus, die dann die normale Blutversorgung wieder gewährleisten.

Die wichtigste **Vorbeugung** ergibt sich aus den erwähnten Gefäßschäden durch Wurmbefall: Hygienische Fohlenaufzucht und regelmäßige Entwurmung, um unberechenbare Spätschäden zu vermeiden.

Kissing Spines (Wirbelverknöcherung)

Im Zusammenhang mit Rückenproblemen bei Pferden wird der Begriff Kissing Spines häufig benutzt. Gemeint sind Berührungen zwischen den Dornfortsätzen der Rückenwirbelsäule (engl. *spine*, latein. *spina*), die zu Bewegungsstörungen führen können.

Bei einer gesunden Rückenwirbelsäule ragen die als Dornfortsätze bezeichneten oberen Anteile der Wirbelkörper frei in das umgebende Gewebe. Sie werden durch ein vielfältiges System straffer Bänder miteinander verbunden und in ihrer Position gehalten. Auch in der Bewegung verhalten sie sich zwar dynamisch, sollen sich aber keinesfalls berühren. Biegt sich die Wirbelsäule jedoch häufig übermäßig nach unten durch, werden die unteren Bänder überdehnt, die oberen gestaucht. Außerdem berühren sich die abgekippten Dornfortsätze nun, es bilden sich entzündliche Reaktionen im Band- und Knochenbereich aus. Jede weitere Durchbiegung des Rückens verschlimmert das Krankheitsbild, die knöchernen Konturen der Wirbel werden durch dauernde Knochenzubildungen immer rauher, wodurch erneut Reizungen entstehen.

Veränderungen im Sinne der Kissing Spines hat man sogar schon an den Wirbelsäulen junger, noch nicht gerittener Pferde nachweisen können. Auch dies zeigt, daß der Rücken unserer Hauspferde einen Schwachpunkt des Körpers darstellt und offenbar nicht zum Tragen von Lasten gemacht ist.

Die durch das Reitergewicht hervorgerufenen Wirbelsäulenveränderungen führen bei vielen Pferden nicht nur zu Verspannungen und steifem Gang, sondern oftmals auch zu schweren Rückenschmerzen. Das Problem wird zwar durch angeborene Anomalien im Rückenbereich verstärkt, ist in den meisten Fällen jedoch durch die Reitweise bedingt. Die als Resultat guter, aber nicht übertriebener dressurmäßiger Versammlung erreichte Stabilisierung des Rückens durch Aktivierung der langen Rückenmuskeln und ihrer Gegenspieler, der Bauchmuskeln, verhindert weitgehend eine Berührung der Dornfortsätze. Eine Vorwärtsabwärts-Haltung des Pferdes in der Bewegung bei leicht angewinkeltem Hals spannt das lange Nackenband, das sich vom Genick des Pferdes über Hals und Rücken erstreckt, und verstärkt den positiven Effekt. Unterläßt der Reiter diese Maßnahmen auf Dauer völlig, können sich über kurz oder lang Rückenprobleme einstellen. Kurzrückige Pferde gleichen reiterliche Defizite oft durch eine natürliche Eigenversammlung teilweise aus, bei langen Pferden sind die Folgen dafür häufig gravierender.

Natürlich sind auch andere Umstände als rückenschädigend zu betrachten, etwa das zu frühe Anreiten junger, unausgereifter Pferde, zu schwere Reiter auf Pferden mit ungünstigen statischen Verhältnissen (Rechteckform mit langem Rücken) und alle Belastungssituationen wie die extreme Durchbiegung des Rückens in der Landephase nach dem Überwinden von Hindernissen.

Ohne eine Änderung im Reitstil und bei fehlender sonstiger Therapie steigert sich das schmerzhafte Empfinden so lange, bis der Körper das Ziel seiner Knochenzubildungen erreicht hat: eine Auf-

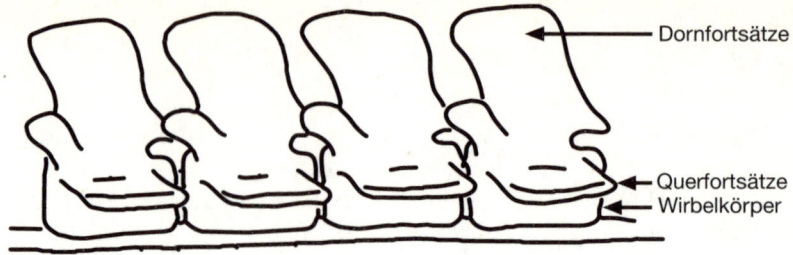

Dornfortsätze

Querfortsätze
Wirbelkörper

Oben: Gesunde Rückenwirbelsäule

füllung des Zwischenwirbelspaltes und damit die angestrebte verbesserte Stabilität. Danach kommt die Entzündung zumindest in diesem Bereich zum Erliegen, das Pferd wird zeitweilig schmerzfrei, ist aber nun mechanisch bedingt weniger biegefähig und geht daher steif und schwunglos, ein typisches Bild bei alten, überlasteten Schulpferden in schlechten Reitbetrieben.

Unten: Hier haben schlechtes Reiten und Überlastung zu schmerzhaften Entzündungen der Wirbelsäule des Pferdes geführt.

Die **Diagnosestellung** bei *Kissing Spines* ist zeitlich aufwendig und geschieht zunächst durch die Beobachtung des Pferdes in der Bewegung mit und ohne Reiter sowie durch Betasten der Rückenpartie vor und nach reiterlicher Belastung. Im Verdachtsfalle können Röntgenbilder angefertigt werden. Es ist auffällig, daß einerseits erheblich weniger Pferde an diesem genau definierten Krankheitsbild leiden, als die Besitzer häufig vermuten. Andererseits haben viele Lahmheiten, die in den Beinen erwartet werden, ihren eigentlichen Sitz im Rückenbereich. Und die Zahl der Pferde, die nicht gerade unter *Kissing Spines* leiden, wohl aber andere und im Regelfall sehr schmerzhafte Rücken-

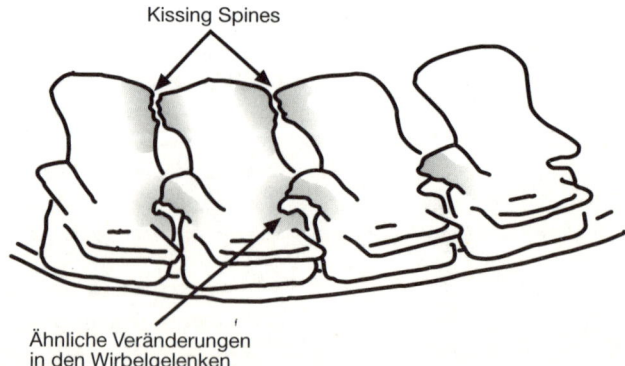

Kissing Spines

Ähnliche Veränderungen
in den Wirbelgelenken

erkrankungen über Jahre nicht nur erdulden müssen, sondern für vermeintliche Widersetzlichkeiten von unfähigen und gefühllosen Reitern sogar mit Strafen bedacht werden, ist vermutlich sehr hoch.

Eine **Therapie** besteht also vordringlich in einem den Veränderungen angepaßten Reitstil, nicht selten aber auch darin, daß der Reiter an sich und seinen reiterlichen Fähigkeiten arbeiten muß.

Unabhängig davon können schmerzstillende Medikamente, die teilweise lokal injiziert, teilweise auch über eine Infusion verabreicht werden, den Teufelskreis aus Schmerz und Verspannung durchbrechen helfen. Letztlich ist die Prognose für eine weitere tierschutzgerechte Verwendung als Reitpferd aber von dem Grad der nicht mehr reversiblen Veränderungen abhängig.

Kniescheibenverhängung

Diese Störung wird medizinisch als *habituelle Patellafixation* bezeichnet. Die Kniescheibe (*Patella*) ist nach oben in die Endsehnen der Oberschenkelmuskeln eingebettet. Bodenwärts entsendet sie drei starke Bänder (Kniescheibenbänder) an das obere Ende des Unterschenkelknochens. Die Kniescheibenbänder ihrerseits sind dergestalt angeordnet, daß sie mit der Kniescheibe selbst eine Schlaufe bilden. Diese kann das Pferd

Bei der Kniescheibenverhängung (Patellafixation) kann das Pferd das betroffene Hinterbein zeitweise nicht mehr beugen, weil die Kniescheibe auf einem Rollkamm des Oberschenkelknochens festgehakt ist.

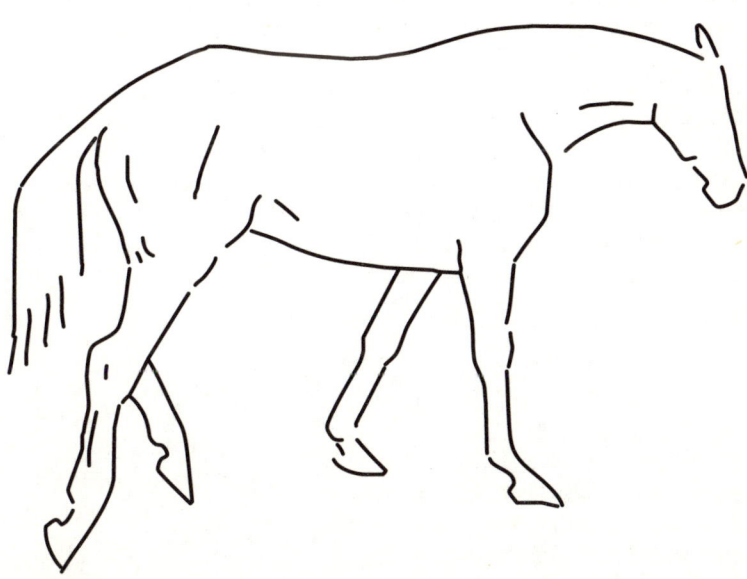

durch Zugkraft der Oberschenkelmuskeln über einen wulstigen Knochenvorsprung des unteren Oberschenkelknochens heben. Bei der anschließenden Entspannung der Muskeln hakt sich die Kniescheibe in der Vertiefung hinter dieser Nase fest und arretiert damit das gesamte, auch bei ruhigem Stehen immer angewinkelte Kniegelenk.

Dieser Mechanismus ist eine Besonderheit der Pferde und ermöglicht es ihnen, das auf dieses Bein verlagerte Körpergewicht im Stehen passiv von der ermüdungsfreien Sehnenkonstruktion tragen zu lassen, statt es aktiv mit Muskelkraft abzustützen. Das jeweils andere Bein kann entspannt, mit leicht gehobenem Huf stehen – ein Bild, das jedem Reiter als »Schildern« bekannt ist. Daher können Pferde, im Gegensatz etwa zu Rindern, Hunden und Menschen, vergleichsweise lange ermüdungsfrei stehen, allerdings nicht im Stehen schlafen. Für den Schlaf muß sich auch ein Pferd regelmäßig auf geeignetem Boden hinlegen können.

Durch eine Reihe von **Ursachen** kann dieser Mechanismus gestört werden. Dazu gehören eine besonders steile, gerade Hinterhand, ein unproportional langer Unterschenkelknochen, Verletzungen, schwache Bemuskelung bei allgemeiner Körperschwäche und zeitweilige disharmonische Gliedmaßenproportionen während des Wachstums.

Dann ist es den betroffenen Tieren nicht möglich, die einmal arretierte Kniescheibe wieder von dem Knochenvorsprung zu heben, sie bleibt fixiert. Dadurch kann das Bein im Knie und Sprunggelenk nicht mehr gebeugt werden, der Patient kann sich kaum noch bewegen. Die Fixation tritt völlig unregelmäßig auf. Sie kann sich sofort wieder lösen, Stunden oder Tage bestehen bleiben, nach wenigen Schritten erneut auftreten oder spontan völlig verschwinden. Es ist auch möglich, daß die Fixation im Schritt während der Bewegung nur für Bruchteile von Sekunden besteht und zu einer kurzen Verhaltung in der Hangbeinphase führt, um sich dann sofort wieder zu lösen, unter Umständen begleitet von einem auch äußerlich vernehmbaren schnappenden Geräusch. Pferde mit häufiger, kurzfristiger Patellafixation weisen Schleifspuren an der Hufspitze auf, die durch gewaltsames Vorwärtsdrängen in der akuten Phase des Festhakens entstehen. Bei solchen Pferden wird das Kniescheibengelenk gereizt und kann sich mit Symptomen von Wärme, Schwellung und Schmerz entzünden.

Wenden auf engem Kreis, steiles Bergauf- oder Bergabgehen provozieren den Vorfall besonders. In früheren Zeiten geschah es nicht selten, daß Pferde vor schweren Arbeitswagen auf steilen Straßen plötzlich völlig bewegungsunfähig wurden. Dann mußte der Tierarzt im Notfall gleich vor Ort einen kleinen operativen Eingriff vornehmen, um das Tier überhaupt aus seiner mißlichen Lage im Geschirr am steilen Hang zu befreien.

Oben: Ein Ritt am Meer ist wohltuend für Pferde und Reiter. Das Salzwasser schadet den Beinen nicht.
Unten links: Die Hufe müssen bei Trockenheit mit Wasser versorgt werden, um das Horn elastisch zu halten.
Unten rechts: Transportgamaschen schützen vor Kronentritt und Sehnenverletzungen.

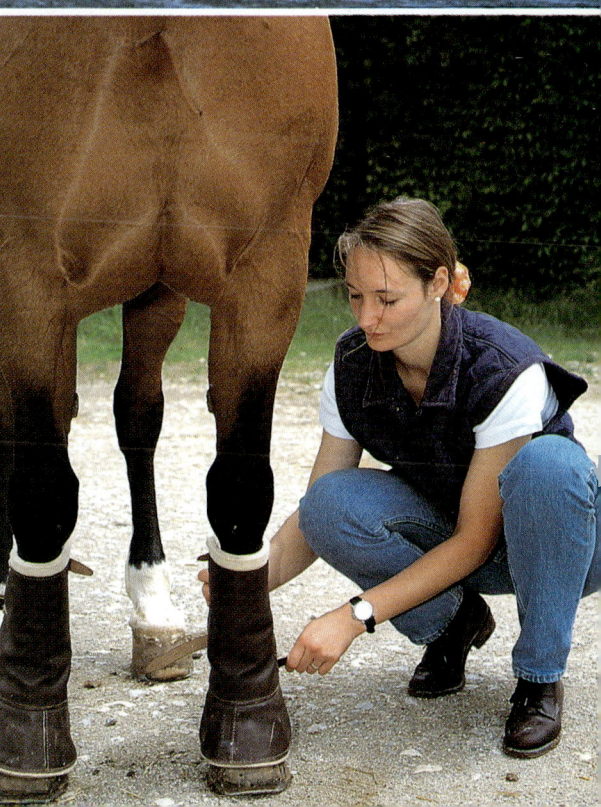

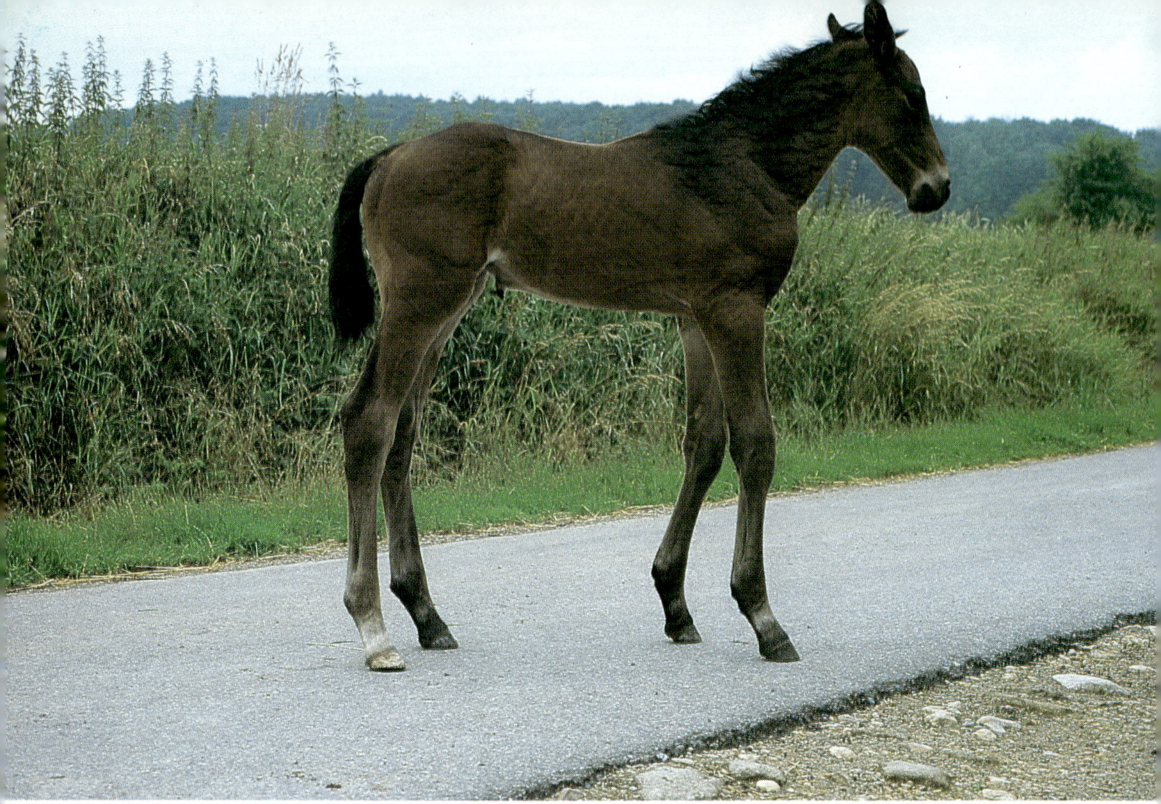
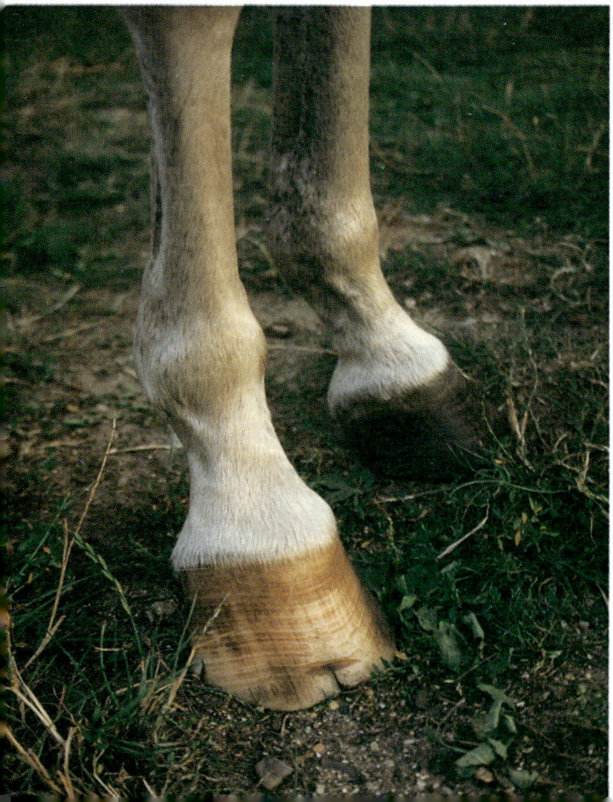
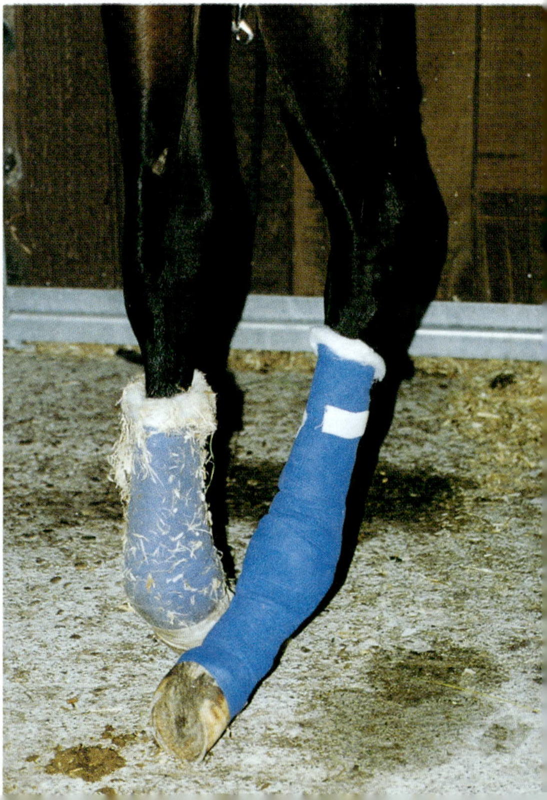

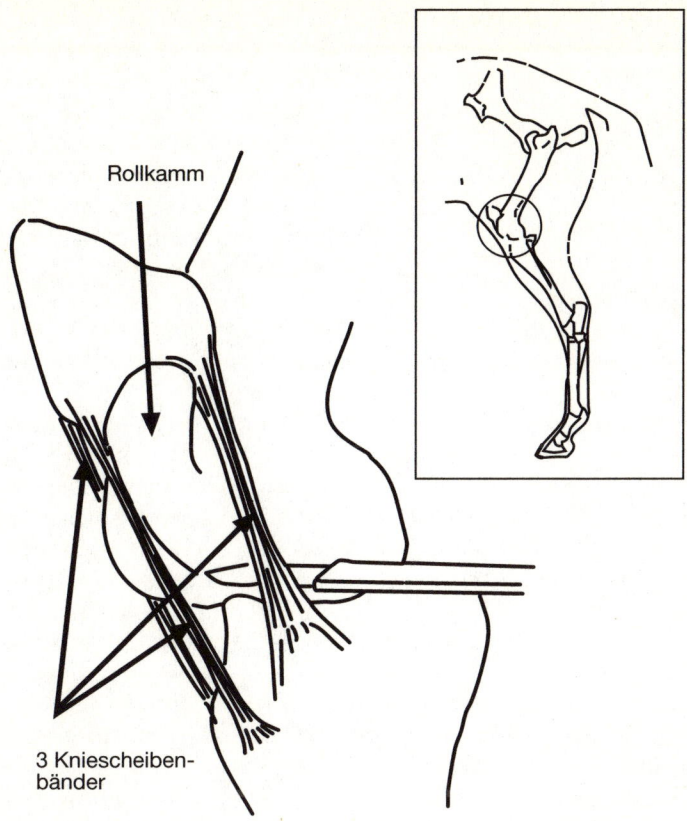

Rollkamm

3 Kniescheiben-
bänder

Oben: Tritt die Kniescheibenverhängung bei erwachsenen Pferden häufig auf, bringt die operative Durchtrennung eines Kniescheibenbands Hilfe.

Oben: Geringfügige Fehlstellungen neugeborener Fohlen verwachsen sich während der ersten Lebenswochen häufig von selbst. Im Zweifelsfall den Tierarzt um Rat fragen.
Unten links: Durch Einraspeln einer Querrinne kann man einen Hornspalt stoppen, bis Schmied oder Tierarzt die Endversorgung vornimmt.
Unten rechts: Lähmung des Nervus radialis mit »Kußhandstellung«

Die dauerhafte **Therapie** richtet sich nach Intensität und Häufigkeit der Fixation. In geringgradigen Fällen, vor allem bei Jungpferden, kann man darauf hoffen, daß sich das Problem verwächst. Ansonsten ist es in bestimmten Fällen möglich, Injektionen mit reizenden Stoffen in die Kniescheibenbänder vorzunehmen, wodurch sich diese so verändern, daß sich das Festhaken gibt.

Bei Erfolglosigkeit und in der Mehrzahl der therapiebedürftigen Fälle ganz allgemein ist eine kleine Operation erforderlich, bei der eines der Kniescheibenbänder durchschnitten wird. Nach anschließender mehrwöchiger Schonung des Pferdes bei Weidegang hat eine funktionelle Anpassung stattgefunden, und das Training kann wieder begonnen werden.

Knochenbruch

Bei einem Knochenbruch, auch *Fraktur* genannt, ist der Zusammenhalt des Knochengewebes vollständig aufgehoben und daher am Bein auch keine Stützfunktion mehr möglich. Ist der Knochen lediglich gerissen, aber noch nicht gebrochen, wird dieser Zustand als *Fissur* bezeichnet. Knochenrisse können sich durch eine Erweiterung des Fissurspaltes zu einem echten Knochenbruch verschlimmern.

Man unterscheidet *gedeckte* oder *geschlossene Knochenbrüche,* bei denen die Bruchenden die umgebende Haut nicht durchdrungen haben, von *offenen Brüchen,* bei denen diese zusätzliche Komplikation eingetreten ist.

Alle Arten von Unfällen, aber auch starke Belastungen in der Bewegung können zu Knochenbrüchen führen. Dabei sind typische Bereiche des Beines bekannt, in denen immer wieder ähnliche Brüche nach vergleichbaren Belastungen auftreten, etwa am Fessel- oder Kronbein durch starke Scher- und Drehkräfte in schneller Bewegung: Während der Huf durch das Gewicht – verstärkt bei Hufeisen mit Stollen – am Boden fixiert ist, werden Kron- und Fesselbein sowie die knöchernen Anteile von Fessel-, Kron- und Hufgelenk bei plötzlichen Wendungen und Stopps gegeneinander gedreht, was zum Bruch der Knochensubstanz führen kann.

Die **Symptome** sind zumeist deutlich. Höchstgradige Lahmheit, starke Pulsation im Fesselbereich, Schwellungen, ein Achsenknick der Gliedmaße und bei offenen Brüchen auch äußerlich sichtbare Knochenteile zeigen dem Reiter, daß hier eine extreme Situation vorliegen muß. Findet man Pferde in dem beschriebenen Zustand vor, besteht für Ungeübte die Möglichkeit einer Verwechslung mit einem schmerzhaften Hufabszeß, gelegentlich auch mit einer Hufrehe.

Diese Unterscheidungen zu treffen ist für den Pferdehalter jedoch nicht relevant, da er bereits bei dem Verdacht auf einen Knochenbruch den Tierarzt sofort benachrichtigen muß. Bis zu dessen Eintreffen darf das Pferd nicht mehr bewegt werden, auch ein Transport ist zunächst aufzuschieben. Im Gegensatz zu Frakturen rufen Fissuren oft keine deutliche Lahmheit hervor, so daß man die Patienten noch bewegen könnte. Dann besteht immer das Risiko, die Fissur durch die weitere Bewegung zur Fraktur auszudehnen und damit die Prognose sehr zu verschlechtern.

Offene Brüche sollten bis zur Endversorgung durch den Tierarzt mit möglichst sauberen Verbandstoffen vorsichtig abgedeckt werden, denn eine zusätzliche Infektion des Knochens erschwert die Therapie erheblich. Eine Schiene oder einen Stützverband korrekt anzubringen ist für den Laien äußerst schwer und für das Pferd risikoreich, so daß hiervon in der Regel abzusehen ist.

Der Griffelbeinbruch bedeutet keine akute Gefahr, da die Griffelbeine keine tragende Funktion am Pferdebein haben (s. S. 51).

Die **Therapie** von Knochenbrüchen im Beinbereich ist sehr unterschiedlich. Sie hängt von vielen Faktoren ab:

- Lage und Komplikationsgrad des Bruches,
- Anzahl der Knochenfragmente,
- Gelenkbeteiligung,
- Alter des Pferdes.

Das gleichzeitige Vorliegen weiterer Komplikationen, etwa einer Knocheninfektion bei offenen Brüchen oder weiterer schwerer Verletzungen nach Unfällen, ist ebenso von Bedeutung wie der Grad der sportlichen Ansprüche, die das Pferd nach seiner Genesung erfüllen soll. Nicht zuletzt muß auch die Frage geklärt werden, welche finanziellen Mittel der Besitzer für die zumeist lange und aufwendige Therapie aufbringen will und kann.

Unkomplizierte Frakturen des Hufbeines können durch Ruhigstellung des Pferdes über mehrere Monate bis zu einem Jahr geheilt werden, weil der Bruch durch die umgebende Hornkapsel ausreichend stabilisiert wird. Ergänzend wird man die Beweglichkeit des Hufes durch einen speziellen Beschlag oder einen Stützverband mit Gipsersatz aus Kunststoffen einschränken. Auch für Knochenfissuren und unkomplizierte Brüche von Kron- und Fesselbein kann diese Behandlung, vor allem bei jungen Pferden, ausreichend sein.

Schwerer zu behandeln sind Frakturen der Röhrbeine und Brüche mit Trümmerbildung. Auch die Beteiligung von Gelenken erschwert eine komplette Heilung. Umfaßt der Bruchspalt die knöchernen Anteile des Gelenkes, ist eine vollständige Rekonstruktion der Gelenkgleitfläche kaum zu erwarten. Durch die entstehenden Rauhigkeiten wird die Gelenkfunktion beeinträchtigt und der Bildung von *Arthrosen* Vorschub geleistet. Dies gilt auch für komplizierte Hufbeinbrüche mit Bruchspalten im Hufgelenk.

Ist eine äußere Fixierung (Ruhigstellung) alleine nicht ausreichend, müssen operative Verfahren (*Osteosynthese*) zum Einsatz kommen. Ähnlich der Bruchbehandlung für Menschen werden dann unterschiedliche Schrauben, Nägel, Stifte und andere Hilfskonstruktionen am Knochen befestigt.

Die **Prognose** ist bei unkomplizierten Knochenbrüchen mittlerweile erheblich günstiger als noch vor wenigen Jahren, vor allem bei einer operativen Behandlung. Oft kann von einer nahezu vollständigen Wiederbelastbarkeit des Pferdes für sportliche Zwecke ausgegangen werden. Trotzdem verläuft die Heilung langsam, und überzogene Ansprüche an die tierärztliche Kunst scheitern vor allem an dem enormen Gewicht der Patienten und der Unmöglichkeit, die betroffene Gliedmaße effektiv ruhigzustellen und dauerhaft zu entlasten. Die Verhältnisse aus der Humanmedizin können hier also nicht als Maßstab gelten, da sich bislang kein Pferd zu längerer Bettruhe nach der Operation bewegen ließ.

Trümmerbrüche, Brüche unter Einbeziehung des Gelenkes und solche mit Knocheninfektionen haben zumeist eine schlechte Prognose.

Kreuzverschlag

Die bekannteste Muskelerkrankung ist der Kreuzverschlag, auch als *Lumbago* oder Feiertagskrankheit bezeichnet.

Unter diesem Begriff werden umgangssprachlich auch andere Muskelprobleme zusammengefaßt, die sich jedoch vom eigentlichen Kreuzverschlag unterscheiden. Im wissenschaftlichen Sprachgebrauch wiederum herrscht in diesem Punkt auch keine Einigkeit: Die Ausdrücke *Lumbago, Tying-up-Syndrom,* Rennbahnkrankheit, *Azoturie, Belastungsmyopathie* und weitere Bezeichnungen sind fast überall unterschiedlich definiert.

Eine für den Reiter relevante Unterteilung orientiert sich daher vorrangig am Auftreten der ersten **Symptome:**

Der *klassische Kreuzverschlag* äußert sich direkt zu Beginn der Arbeit. Diese Krankheit ist typisch für gut trainierte, zumeist üppig bemuskelte und überwiegend kaltblütige Pferde, die nach einem bis mehreren Stehtagen bei weiterhin kohlehydratreicher Nahrung viel Glykogen in den Muskelzellen speichern. Bei erneutem Arbeitsbeginn entsteht eine rasche Übersäuerung der Muskulatur, überwiegend durch Milchsäure, mit nachfolgender Engstellung der Blutgefäße und Entzündungsanzeichen:

- Die Kruppenmuskulatur ist verhärtet, geschwollen und schmerzempfindlich.
- Die Tiere gehen steif und widerwillig, sie wirken ängstlich und schwitzen stark.
- Treibt man sie dennoch weiter, kann es in schweren Fällen zum Festliegen kommen.
- Die Muskelfasern werden zunehmend zerstört, deren Abbauprodukte über die Nieren ausgeschieden.
- Die Urinfarbe kann dann rötlich bis dunkelbraun werden, daher auch der altertümliche Name »Schwarze Harnwinde«.
- Bei schwerem Krankheitsverlauf sind Schockgeschehen, Nierenversagen und Tod möglich.

Der Reiter sollte sein Pferd bei Verdacht auf Kreuzverschlag sofort absolut ruhigstellen. Bei Geländeritten wartet man vor Ort auf den Tierarzt und unterläßt bis dahin auch jeden Transport des Patienten. Warmes Eindecken, notfalls mit der eigenen Jacke oder dem Pullover, lindert den Schmerz.

Die tierärztliche **Behandlung** erfolgt in Abhängigkeit von der Schwere der Symptome mit schmerzstillenden, entzündungshemmenden und abschwellenden Medikamenten, aber auch über Infusionen, eine Reduzierung der Blutübersäuerung und gegebenenfalls durch Beruhigungsmittel.

Besonders anfällig sind rundliche, leichtfuttrige Pferdetypen und solche mit kräftig entwickelter Kruppenmuskulatur, etwa Quarter Horses. Vorbeugend sollte man die Fütterung an Ruhetagen konsequent auf den Erhaltungsbedarf beschränken, also die Kraftfutterration in der Regel um zwei Drittel oder auf Null kürzen.

Das *Tying-up-Syndrom* beobachtet man während der Arbeit, in einigen Fällen auch direkt im Anschluß daran. Auch hier sind überwiegend gut trainierte Pferde betroffen, insbesondere Vollblüter und Traber. Die äußeren **Symptome** sind denen des Kreuzverschlages ähnlich, in der Regel aber viel milder, weil meist nicht die gesamte Muskulatur betroffen ist, sondern nur einzelne Muskelgruppen:

- Bewegungen werden steifer,

- eckige Galoppade, allgemeine Unwilligkeit,
- Muskulatur verkrampft und gespannt.
- Beendet man das Training an diesem Punkt, lösen sich die Krämpfe teilweise spontan.
- Reitet man weiter, nimmt die Schmerzhaftigkeit zu.

Die biochemischen Veränderungen sind anders als beim klassischen Kreuzverschlag: Man findet selten eine deutliche Übersäuerung, es werden kaum Muskelfasern zerstört. Möglicherweise ist diese milde und verspätet einsetzen-

de Form des Kreuzverschlages auch genetisch bedingt. Der Name Tying-up erklärt sich aus der aufgeschürzten, gespannten Bauchdecke, die besonders für eine Symptomatik direkt nach der Belastung typisch ist.

Nach längerer Belastung schließlich oder direkt im Anschluß an eine Aus-

Komplizierte Abläufe in der Muskelzelle steuern Energiegewinnung und Muskelkraft.

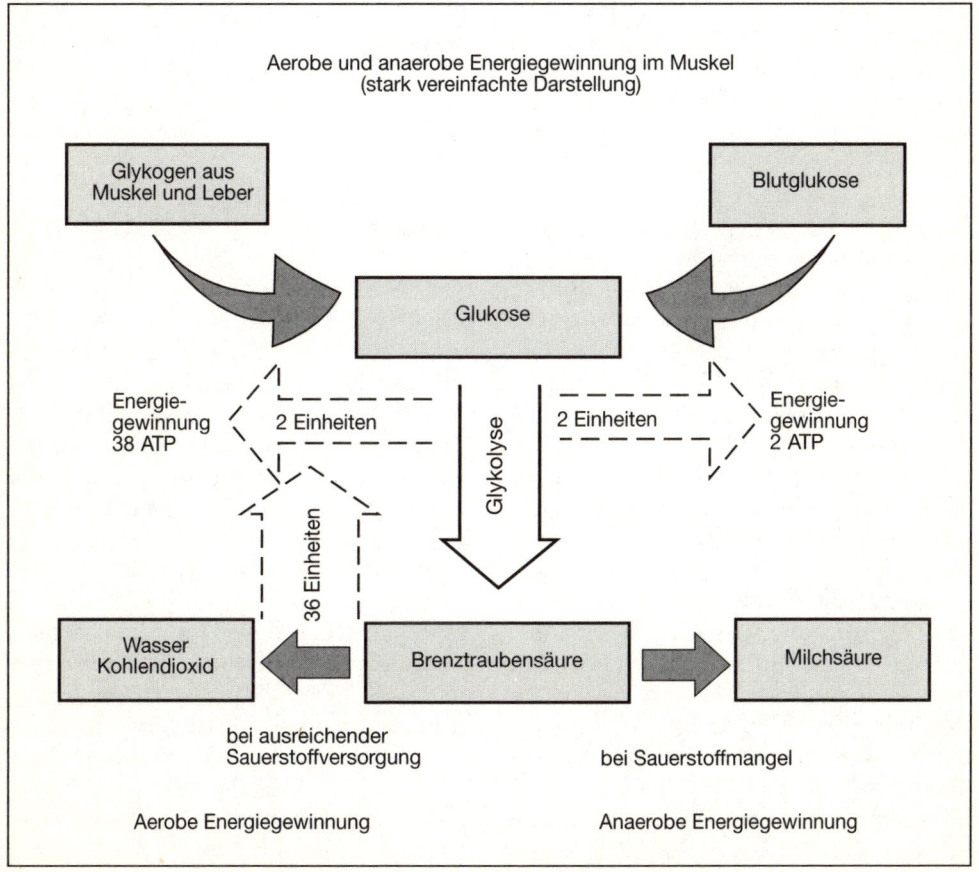

dauerleistung kann die *Überlastungs-myopathie* auftreten. Sie kennzeichnet das untrainierte, überforderte Pferd. Wenig konditionierte Freizeitpferde, die während der Woche nicht geritten werden, am Wochenende aber plötzliche Ausdauerleistungen bringen sollen, sind für diese Krankheit ebenso anfällig wie Distanzpferde auf Strecken, deren Länge und Geländeschwierigkeit sie aufgrund ihres Ausbildungsstandes noch nicht gewachsen sind. Dabei geraten die Stoffwechselprozesse in der Muskelzelle aus dem Gleichgewicht:

Durch eine zu geringe Blutversorgung entsteht ein Sauerstoffmangel. Dieser hat die vermehrte Bildung von Milchsäure zur Folge, welche wiederum wegen der schlechten Durchblutung nur unzureichend abtransportiert wird und die Muskelzellen schädigt. Als Reaktion darauf verengen sich die kleinen Blutgefäße mit nachfolgender weiterer Verschlechterung der Blutzufuhr.

Da nicht nur für die Anspannung (Kontraktion), sondern auch für die Entspannung der Muskeln Energie erforderlich ist, ergibt sich bei völlig erschöpften Pferden, die energetisch ausgebrannt sind und trotzdem noch geritten werden, ein weiteres Problem: Durch die passive Bewegung der bereits erschöpften Muskelfasern erleiden diese viele kleine Verletzungen (*Mikrotraumen*), die nicht nur schmerzhaft sind, sondern auch die Entzündung der Muskulatur verstärken. Nach anfänglicher Steifigkeit und Spannung der Muskeln tritt später eine Phase der Erschlaffung mit schwankendem Gang und Schwächezuständen ein.

Liegen Pferde längere Zeit fest, weil sie sich etwa unter Stallabtrennungen oder in einem Winkel der Box verfangen haben, kann nach stundenlangen vergeblichen Aufstehbemühungen ebenfalls eine Überlastungsmyopathie eintreten.

Die **Therapie** ist derjenigen des Kreuzverschlages ähnlich. Die Prognose ist bei den vorgestellten Muskelproblemen im allgemeinen gut, wenn sie rechtzeitig behandelt werden. Fütterungsfehler und Überforderung müssen zukünftig vermieden werden, um einem erneuten Auftreten der Krankheiten vorzubeugen. Beim Tying-up ist für entsprechend veranlagte Pferde trotz großer Vorsicht gelegentlich mit Rückfällen zu rechnen. Erfolge wurden gelegentlich mit der längeren Verabreichung eines Vitamin-E-Selen-Präparates erzielt.

Nageltritt und Vernagelung

Die Vernagelung durch den Hufschmied und das als Nageltritt bezeichnete Einspießen von Nägeln oder anderen metallischen Gegenständen in den Huf haben natürlich unterschiedliche Ursachen, führen aber zu ähnlichen Problemen. In beiden Fällen wurde die Hornkapsel durchdrungen und das darunterliegende Weichgewebe verletzt.

Nageltritte können die gesamte Hufunterseite betreffen, also Sohle, Tragrand jenseits der weißen Linie, Strahl, Strahlfurche und Ballen. Dabei können direkte Schäden durch Zerstörungen an Huflederhaut und Hufbein, häufiger aber im Hufgelenk und im Bereich der Hufrolle (Schleimbeutel) entstehen. Außerdem werden immer Bakterien in die Tiefe verschleppt und bewirken eine zumeist ausgedehnte Infektion, die aufgrund ihrer Lage innerhalb des Hufes nur schwer behandelbar ist. Besonders gefürchtet sind eitrige Entzündungen des Hufgelenkes, die häufig zur dauerhaften Reituntauglichkeit des Patienten oder zur Euthanasie führen. Schließlich sind Nageltrittverletzungen eine typische Eintrittspforte für den Erreger des Wundstarrkrampfes (*Tetanus*).

Nageltritte sind für das Pferd sehr schmerzhaft und daher fast immer mit deutlicher Lahmheit und verstärkter Pulsation am Fesselkopf verbunden. Bei kleinen Wunden tritt die Lahmheit möglicherweise erst später auf, wenn sich der infizierte Stichkanal entzündet hat und schmerzhaft wird. Steckt der Nagel noch im Huf, sollte er bis zum Eintreffen des Tierarztes nicht entfernt werden, denn er gibt wertvolle Hinweise auf Lokalisation und Ausmaß der Schäden. In vielen Fällen ist der Nagel nicht mehr vorhanden und damit die genaue Lage des Schadens schwerer nachvollziehbar. Durch Abdrücken mit der Hufuntersuchungszange kann der Tierarzt sich Klarheit verschaffen, Röntgenbilder helfen im frühen Stadium nur, wenn noch metallische Splitter in der Tiefe vorhanden sind. Auch Veränderungen im Bewegungsablauf des Pferdes können Hinweise auf die Lage des Schadens geben. Liegt die Verletzung beispielsweise im Trachtenbereich, wird das Pferd vermehrt auf der Zehenspitze fußen.

Die **Therapie** richtet sich nach dem Einzelfall. Neben der antibiotischen Versorgung und einer Kontrolle des Tetanus-Impfschutzes ist es wichtig, den Stichkanal bis zum Ende freizulegen und etwaigen Entzündungsprodukten Abfluß zu verschaffen. Die Behandlung eines vereiterten Hufgelenkes erfolgt mit intensiven Spülungen, ist aber immer schwierig.

Die Versorgung eines Nageltrittes erfordert es fast immer, größere Anteile des Hufhorns abzutragen. Im Anschluß an die Behandlung ist daher in der Regel ein besonderes Hufeisen erforderlich, das die teilweise freigelegte Lederhaut so lange schützt, bis sich genug gesundes Horn nachgebildet hat.

Eine *Vernagelung* beim Hufbeschlag ist nicht unbedingt die Schuld des Schmiedes, sondern kann trotz sorgfältiger Arbeit bei zappelnden Pferden oder schlechter Hornqualität gelegentlich geschehen. Man unterscheidet die direkte von der indirekten Vernagelung.

Bei *direkter Vernagelung* verläßt der Hufnagel den angestrebten Weg innerhalb der weißen Linie während des Einschlagens und verletzt die im Hufinneren gelegene, schmerzempfindliche Lederhaut. Das Pferd zuckt mehr oder weniger heftig, und es kann sich etwas Blut aus dem Nagelloch ergießen. Wird der Nagel sofort wieder entfernt und der Stichkanal desinfiziert, sind bei einem gegen Tetanus geimpften Pferd keine Folgeschäden zu erwarten. Treten diese doch ein, ist der Huf am nächsten Tag vermehrt warm, und es kann eine Lahmheit auftreten.

Indirekte Vernagelungen entstehen, wenn der Hufnagel zwar noch nicht in die Lederhaut eingedrungen, von dieser aber nur durch eine sehr dünne Hornschicht getrennt ist. Durch den Verdrängungsdruck des Nagels löst sich dieser Hornanteil innerhalb der ersten Tage nach dem Beschlag auf. Wiederum entsteht eine Entzündung, die zu den bekannten Symptomen führt. Wenn der

Pferdehalter schnell reagiert, der betroffene Nagel sofort entfernt und die Infektion behandelt wird, kann man den Schaden begrenzen.

Die **Prognose** eines Nageltrittes ist für die Behandlung frischer Fälle günstig, wenn keine tieferliegenden Strukturen geschädigt wurden. Bei einer Beteiligung von Hufgelenk, Strahlbein oder Hufrollenschleimbeutel sind die Aussichten ungünstig.

Hinweis: Jeder Nageltritt sollte vom Tierarzt kontrolliert werden, auch wenn zunächst keine Lahmheit besteht.

Radialislähmung (Nervenlähmung)

Der *Nervus radialis* ist der wichtigste Nerv zur motorischen Versorgung der Streckmuskeln des Vorderbeines und zur sensiblen Versorgung der Haut im Schulter- und Oberarmbereich.

Aufgrund seiner relativ ungeschützten Lage, besonders im Bereich des Buggelenkes, kann er leicht durch Stöße, Anlaufen gegen den Rahmen der Boxentür, übermäßige Dehnung im Schulterbereich oder nach längerem Festliegen auf der Seite und nach Operationen im Liegen in Mitleidenschaft gezogen sein. Die **Lähmungssymptome** sind abhängig von Grad und Ausmaß der Nervenschädigung:

- Die Gliedmaße kann nicht mehr gestreckt werden.
- Sie hängt scheinbar kraftlos in *Kußhandstellung* herab.
- Das gesamte Bein hängt außerdem tiefer, so daß der Patient unter Umständen auf dem Fesselkopf fußt.

- Stellt man das Bein passiv in die richtige Position, kann es ohne weiteres belastet werden, kippt aber wieder in die alte Stellung zurück, wenn sich das Pferd bewegt.

Eine **Behandlung** ist in den meisten Fällen erfolglos. Die Gabe von B-Vitaminen zur verbesserten Regeneration des Nervengewebes wird zwar immer vorgenommen, hilft aber offenbar kaum. Gelegentlich werden Kortikoide (dem körpereigenen Kortison verwandte Stoffe) verabreicht. Ansonsten muß man auf die Selbstheilungskräfte hoffen und kann zunächst nur abwarten. Dabei wird das Pferd von den anderen Tieren getrennt untergebracht, damit es sich nicht unnötig bewegen muß und sich keine weiteren Verletzungen zuzieht. Der untere Beinabschnitt muß kontinuierlich und sorgfältig mit reichlicher Polsterung bandagiert werden, damit keine Wunden im Fesselbereich auftreten.

Die **Prognose** ist in leichteren Fällen relativ günstig. Bei hochgradigen Störungen und längerem Bestehen des Krankheitsbildes ist sie jedoch ungünstig. Kann man die geschädigte Stelle eindeutig feststellen, wird in geeigneten Fällen eine operative Verbindung eventuell getrennter Nervenfasern versucht.

Neben dem *Nervus radialis* kann auch ein anderer Nerv der Schultergliedmaße betroffen sein, der *Nervus suprascapularis*. Er versorgt vor allem die Schultermuskulatur. **Symptome:**

- Ausfallserscheinungen an diesem Nerv bewirken einen allmählichen Abbau der Schultermuskulatur.
- In der Anfangsphase fällt eine geringe Hangbeinlahmheit auf, die mit einer leichten Auswärtsbewegung des Bei-

Lähmung des Radialisnerven: Vorderbein in »Kußhandstellung«

nes verbunden ist und am besten im Trab von vorne wahrgenommen werden kann. Man sagt, die Schulter »blattet ab«, weil sich das Schulterblatt vom Rumpf entfernt.

Therapie und **Prognose** sind derjenigen der Radialislähmung ähnlich. Die Regeneration durch Selbstheilung kann mehrere Monate in Anspruch nehmen.

Schale

Treten knöcherne Zubildungen und Verknöcherungen am Fessel-, Kron- oder Hufbein auf, werden sie als Schale oder Leist bezeichnet. Die Veränderungen können auf der freien Knochenfläche, in Gelenknähe oder in der Gelenkspalte des Gelenkes auftreten. Die letztgenannte Form gehört zu den arthrotischen Gelenkerkrankungen und weist in ihrem Ablauf Ähnlichkeiten zur Spaterkrankung auf (s. S. 89).

Als **Auslöser** kommen alle Reizungen der Knochenhaut in Betracht, die zu einer vermehrten, unkontrollierten Bildung von Knochensubstanz führen. Direkte Schläge und Stöße sowie tiefe Verletzungen, die bis auf den Knochen reichen (Stacheldraht), sind als Ursache seltener. Häufiger findet man Überlastungen durch extreme Zugbelastungen auf Seitenbänder und Gelenkkapseln, die von der kontinuierlich gereizten Knochenhaut mit Entzündungsanzeichen beantwortet werden. Solchen Überlastungen sind vorrangig Pferde ausgesetzt, die häufig starke Drehbewegungen auf der Stelle oder schnelle

Richtungswechsel in höheren Gangarten ausführen müssen, etwa Poloponys, Western-, Spring- und Vielseitigkeitspferde. Dressurpferde und Vollblüter sind seltener betroffen. Steile Fesselung mit hohen Trachten und kurzen Zehen sowie deutliche Brechungen der optischen Zehenachse erhöhen das Risiko. Kaltblüter, norwegische Fjordpferde und Isländer erkranken unabhängig von ihrer reiterlichen Verwendung besonders häufig.

Das bevorzugte Auftreten der Schale an den Vorderbeinen könnte sich aus deren steilerer Winkelung erklären, deutet möglicherweise aber auch auf reiterliche Probleme mit mangelnder Gewichtsverlagerung auf die Hinterhand hin.

Die Lahmheit ist unterschiedlich stark ausgeprägt, kommt in allen Gangarten zum Vorschein und kann in Wendungen verstärkt sein. Ist die Schale gelenkfern und verdrängt keine Nachbargewebe, tritt keine Lahmheit auf. In akuten Fällen mit starker Entzündung kann der betroffene Bereich, sofern er einer Betastung zugänglich ist, geschwollen erscheinen und schmerzempfindlich sein.

Röntgenuntersuchungen dienen zur genaueren Diagnose, können aber in frühen Stadien, die sich durch geringe knöcherne und größere bindegewebige Zubildungen auszeichnen, schwer zu deuten sein.

Knöcherne Zubildungen sind bei älteren Pferden relativ häufig, ohne grundsätzlich zu Problemen führen zu müssen. Aus diesem Grund sind auch Beugeproben sowie die Keil- und Brettprobe nicht unbedingt aussagekräftig (s. S. 26).

Die **Therapie** ist von der Lage der Veränderungen abhängig. Kompakte Schalen am Fesselbein können unter Umständen ohne weitere Symptome bleiben und sind daher möglicherweise nicht behandlungsbedürftig. Stören sie aber Bandansätze, Sehnen oder den Fesselträger und führen daher zu Lahmheit, werden sie operativ entfernt oder in frühen Stadien medikamentös behandelt.

Eine gelenknahe Schale ist bei sehr früher Diagnose durch längere Ruhigstellung, fixierende Verbände und entzündungshemmende, die Zubildung abbauende Injektionen gut behandelbar. Die Heilung nimmt aber zumeist mehrere Monate in Anspruch.

Weit fortgeschrittene Schalen im Gelenk bereiten dem Patienten starke Schmerzen. Im Krongelenk versucht man, das Gelenk durch einen operativen Eingriff künstlich zu versteifen oder die Verknöcherung stark anzuregen, damit der Gelenkspalt möglichst schnell mit Knochenzubildungen durchbaut wird. Dann kommt die Entzündung zum Erliegen, der Schmerz läßt allmählich nach, und das Pferd kann wieder einsatzfähig werden. Die mit der Versteifung einhergehende Bewegungseinschränkung ist geringgradig, da das Krongelenk ohnehin straff ist. Eine züchterische Verwendung bleibt oft erhalten, der sportliche Einsatz ist fraglich. Eine Schale im Hufgelenk hat hingegen grundsätzlich eine sehr schlechte Prognose. Oft ist nur noch ein Nervenschnitt als symptomatische Maßnahme möglich.

Eine gezielte **Vorbeugung** ist bei der Schale schwer anzugeben. Wie bei den meisten Problemen im knöchernen Beinanteil ist die ausgewogene Fütterung bereits im Fohlenalter wichtig.

Schulterlahmheit

In der reiterlichen Fachsprache wird der Begriff der Schulterlahmheit häufig verwendet. Die tierärztliche Praxis zeigt aber, daß die Schulter nur äußerst selten Anlaß zu einer Lahmheit gibt.

Auch medizinhistorisch wurden schon immer verschiedene Bewegungsstörungen in der Vordergliedmaße mit Erkrankungen der Schulter in Zusammenhang gebracht und zu deren Behandlung abenteuerliche Methoden erdacht. Eine der spektakulärsten Anwendungen des späten Mittelalters war ein ölgetränktes Hanfseil, das dem ohnehin lahmen Pferd im Schulterbereich durch die Unterhaut gezogen wurde und angeblich durch die entfachte Entzündung heilend wirken sollte. Bei dieser Vorgehensweise verwundert es nicht, daß Schulterlahmheiten damals als lebensbedrohlich galten.

Der Begriff Schulterlahmheit kann heute lediglich als Synonym für eine Hangbeinlahmheit (s. S. 30) der Vordergliedmaße benutzt werden und beinhaltet zunächst keine medizinisch-diagnostische Aussage.

Sehnenfaserriß

Werden Sehnen durch ruckartige Krafteinwirkungen überdehnt, ohne ganz zu zerreißen, entsteht häufig ein Riß einzelner Sehnenfasern. In geringgradigen Fällen sind nur wenige Fasern betroffen, bei umfangreichen Schäden werden entsprechend mehr Fasern zerstört.

Fehltritte in schneller Gangart auf unebenem Boden kommen als Ursache

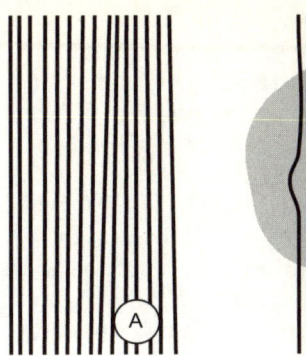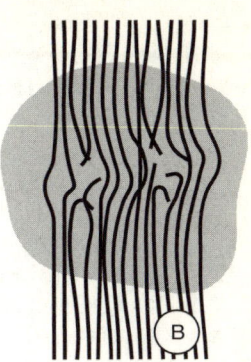

Sehnenfaserrisse bedeuten Schwellung, Schmerz, Lahmheit und eine langwierige Heilung. Daher ist die Vorbeuge wichtig.

in Betracht, aber auch Tritte und Stöße gegen die Sehne. Der häufigste Grund dürfte in Ermüdungsverletzungen zu suchen sein: Die überforderte Muskulatur erschöpfter Pferde hält die Sehnen nicht mehr in einer gleichmäßigen Grundspannung, so daß bei jedem Galoppsprung oder beim Überwinden von Hindernissen ruckartige Zugbelastungen auftreten, denen das Gewebe nicht gewachsen ist.

Im Bereich der zerstörten Fasern entstehen kleinste Blutungen in die Sehne hinein, außerdem bilden sich Ansammlungen von Gewebeflüssigkeit (*Ödem*) und geschwollene Areale. Dieses Verquellen der Sehne erschwert die Heilung zusätzlich. Es entwickelt sich eine Entzündung mit Wärme, Schwellung, Druckempfindlichkeit und Lahmheit. Die Intensität dieser Veränderungen führt im schlimmsten Fall zu einer schweren, optisch erkennbaren Sehnenentzündung mit Bogenbildung über der

Sehne. Geringgradige Fälle werden nicht selten als »angelaufene Beine« bagatellisiert. Trotzdem liegt beiden Ausprägungsformen das gleiche Erkrankungsprinzip zugrunde.

Um Lage und Ausdehnung des Schadens genauer zu klären, kann eine Ultraschalluntersuchung hilfreich sein.

Während schwere Sehnenschäden vom Pferdehalter im Regelfall sofort einer tierärztlichen Therapie zugeführt werden, findet bei geringgradigen Formen oft eine Verharmlosung statt. Das Risiko ist hier sehr hoch, denn eine mangelhafte Ausheilung schwächt die Sehne fortschreitend und macht sie im Gegenzug für weitere Faserrisse äußerst anfällig. Die schleichende Verschlechterung bleibt zunächst unbemerkt, bis die Prognose schließlich ungünstig geworden ist.

Behandlung: Hochgradige frische Sehnenentzündungen werden zu Be-

Bei starker Überstreckung des Fesselgelenks werden die Beugesehnen überdehnt. Hier können Sehnenfaserrisse entstehen.

ginn unter massiver Kühlung intensiv abschwellend und entzündungshemmend behandelt, um die Selbstheilung des Körpers zu erleichtern. Bis zum Abklingen der akuten Entzündung wird das Pferd völlig ruhiggestellt.

In der weiteren Therapie unterscheiden sich die Lehrmeinungen. Früher nahm man an, eine mehrwöchige absolute Boxenruhe werde die Behandlung ideal unterstützen. Neuere Untersuchungen zeigen aber, daß zur Reparation der zerstörten Sehnenfasern gebildetes Narbengewebe schneller in Zugrichtung angeordnet wird, wenn der Patient recht bald im Schritt für sehr kurze Zeiten auf hartem Untergrund bewegt wird. Die jeweils angemessene Vorgehensweise hängt von den Untersuchungsergebnissen im Einzelfall ab. Unbedingt muß die vom Tierarzt vorgegebene Bewegungstherapie aber genau eingehalten werden. Zu frühe, überzogene und falsche Belastung können die Heilung deutlich verzögern oder verhindern.

Zur Therapie von Sehnenschäden werden auch operative Verfahren eingesetzt. Das zielgerichtete Splitting (ope-

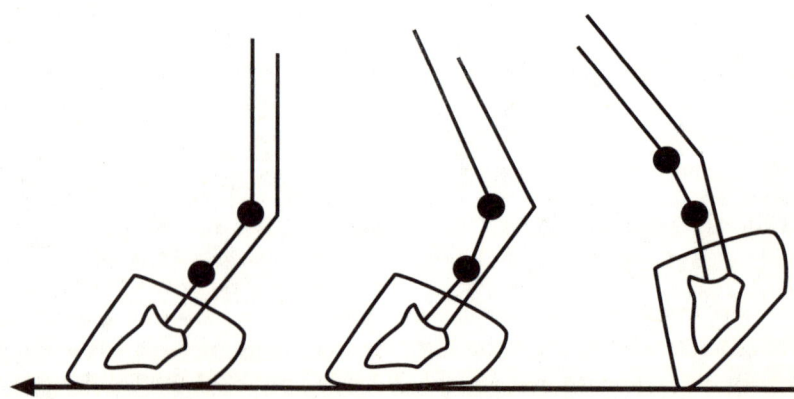

ratives Auffasern) der Sehne oder das Einsetzen von eigenem Sehnenmaterial oder künstlichen Fasern soll die Heilung beschleunigen. Die Ergebnisse mit diesen Behandlungsmethoden sind unterschiedlich.

Das bei chronischen Sehnenschäden früher empfohlene Brennen und Blistern (Einreiben mit hochgradig hautreizenden Salben) gilt mittlerweile als nicht wirkungsvoll und aufgrund der damit verbundenen extremen Schmerzen für das Pferd auch als tierschutzwidrig. Es sollte nicht mehr angewendet werden.

Die **Eigentherapie** der »angelaufenen Beine« ohne Tierarzt kann nur dann sinnvoll sein, wenn
- die Erkrankung wirklich geringgradig
- und mit keiner Lahmheit verbunden ist.
- Außerdem muß die Behandlung bereits am nächsten Tag deutliche Erfolge zeigen.

Ist das Bein angelaufen und warm, wird man
- in kurzen Abständen intensiv kühlen, am besten mit Eiswasser, um die weitere entzündliche Schwellung des Sehnengewebes zurückzudrängen und damit eine Heilung zu erleichtern.
- Die Tiefenwirkung von Kühlgel reicht dagegen nicht aus.
- Eiswürfel und tiefgekühlte sogenannte Cold-Packs dürfen nie direkt auf die Haut gelegt werden, um Gefrierschäden zu verhindern.
- Nach einigen Stunden wird das Bein gut abgetrocknet und mit reichlicher Polsterung trocken bandagiert. Der sanfte Gegendruck der Bandage verhindert weiteres Anschwellen.

Ist das Bein jedoch angelaufen, ohne dabei auch vermehrt warm zu sein, steht die Überwässerung des Gewebes (*Ödembildung*) im Vordergrund des Schadens. Dieses verquollene Gewebe regeneriert sich nur langsam. Dann hilft eine Wärmebehandlung. Dazu eignet sich ein *Prießnitz-Verband:*

Ein feuchtes Handtuch wird um das Bein gewickelt, darauf eine sanft angezogene feuchte Baumwollbandage. Dann legt man eine Plastikfolie darüber und umwickelt das Ganze mit dicken Wollbandagen. Es bildet sich bald eine feuchte Wärme, die Durchblutung im Bein steigt und die Heilung wird angeregt.

Sehnenscheidenentzündung

An Stellen vermehrter Reibung und der Richtungsänderung werden Sehnen von einer schützenden Sehnenscheide umgeben, die mit Gleitsubstanzen angefüllt ist. Jedem Reiter ist die gemeinsame Beugesehnenscheide an der Rückseite des Röhrbeins bekannt.

Eine Entzündung dieser Sehnenscheide kann durch Überlastung nach langen Ritten entstehen, durch kleine Verletzungen oder Entzündungen des Sehnengewebes, die auf die Sehnenscheide übergreifen. Damit wird das ungehemmte Gleiten der Sehne erschwert, es entstehen Schmerz und Lahmheit. Nach kurzen Entlastungsphasen, etwa bei nächtlicher Boxenruhe, beruhigt sich das entzündete Gewebe, aber es stellen sich auch Verklebungen zwischen Sehne und Sehnenscheide ein. Bei der nächsten Belastung des Pferdes werden die Verklebungen durch die Bewegung der Sehne gewaltsam gelöst, es entstehen neue

Schmerzen, die Entzündung verstärkt sich, und die erhöhte Menge der Entzündungszellen in der Sehnenscheide bewirkt verstärkte weitere Verklebungen.

Symptome: Für den Pferdehalter ist eine Sehnenscheidenentzündung schwer von einer Entzündung der Sehne selbst zu unterscheiden. Beide Krankheitsbilder können sich überlagern. Es dominieren Schmerz, Lahmheit, Schwellung des Beines und meist auch deutliche Druckempfindlichkeit.

Hier muß der Tierarzt in jedem Fall um eine Untersuchung gebeten werden. Ultraschall und in seltenen Fällen Röntgenbilder können die **Diagnose** absichern. Manchmal ist eine Punktion der Sehnenscheide erforderlich, um den flüssigen Inhalt zu untersuchen.

Die **Therapie** besteht in der Anwendung von entzündungshemmenden und abschwellenden Medikamenten. In der Regel sind kortisonähnliche Stoffe unverzichtbar. Begleitend findet eine physikalische Therapie statt, in Abhängigkeit vom Einzelfall durch Kälte bei akuten Krankheitsformen und Wärme bei älteren Schäden. Der Patient wird längere Zeit ruhiggestellt.

Wird die korrekte Erstbehandlung verschleppt oder ist sie aufgrund der Schwere des Krankheitsbildes nicht erfolgreich, kann die Sehnenscheidenentzündung chronisch werden. Die Prognose ist dann ungünstig.

Operative Eingriffe werden zwar versucht, sind aber von zweifelhaftem Erfolg.

Wird ein frischer Schaden von Anbeginn an konsequent und richtig behandelt, heilt er in der Regel nach etwa sechs Wochen ohne Folgeerkrankungen aus.

Sehnenverletzung

Sehnen bestehen aus parallel zueinander angeordneten Bündeln längs ausgerichteter Bindegewebsfasern. Kittsubstanzen in den Zwischenräumen verhindern ein Auseinanderweichen der Fasern. Sehnengewebe ist arm an Blutgefäßen und Nervenbahnen. Sehnen dienen als Verbindung: Sie übertragen die Muskelkräfte auf das knöcherne Skelett.

Sehnen halten hohen Zugbelastungen stand, besitzen aber kaum Elastizität. Bei stärkerer Dehnung durch entsprechende Kräfte reißen sie oder lösen sich aus ihrer Verbindung am Knochen.

Die umfangreichste Sehnenverletzung ist der *Sehnenriß*. Fehltritte in schneller Gangart, bei unebenem Gelände, nach Hindernissen und durch Ausrutschen auf glattem Boden können das nur wenig elastische Sehnengewebe vollständig oder teilweise zerstören. Die Therapie dieser gedeckten (ohne Zerstörung der Haut einhergehenden) Verletzungen konzentriert sich auf den eigentlichen Schaden am Sehnengewebe. Aber auch Schnittverletzungen durch Glasscherben, metallische Gegenstände und andere Gefahrenquellen führen häufig zu durchtrennten Sehnen. Erschwerend ist in diesen Fällen zusätzlich eine umfangreiche Hautwunde vorhanden, durch die leicht eine Infektion der Sehne entstehen kann.

Die **Symptome** eines Sehnenrisses sind zumeist hochgradig:

- abnorme Gliedmaßenstellung durch Verlust der Stützfunktion, etwa beim Niederbruch nach Durchtrennung des Fesselträgers,
- Schmerz, Lahmheit,

- Wärme,
- Schwellung.

Ein Riß der Strecksehnen macht es dem Pferd unmöglich, das betroffene Bein korrekt vorzuführen. Statt dessen schleift die Gliedmaße in der Bewegung über den Boden.

Risse der Strecksehnen heilen bei Ruhigstellung durch einen Gipsersatzverband nach einiger Zeit von selbst, besonders bei Jungpferden. Umfangreiche Verletzungen der Beugesehnen erfordern meist operative Eingriffe. Auch hier besteht die Nachsorge in einem völligen Ruhigstellen des Beines für mehrere Wochen. Die Begleittherapie ist aufgrund der Schmerzen in erster Linie entzündungshemmend, abschwellend und schmerzstillend. Das Aufbautraining nach vollständiger Heilung muß sehr behutsam in kleinsten Schritten erfolgen.

Die Prognose ist im allgemeinen gut, die weitere Verwendung für sportliche Höchstleistungen aber nicht immer gegeben.

Geht die Sehnenverletzung mit einer äußeren Wunde einher oder wurden Bakterien durch Stichverletzungen in das Sehnengewebe gebracht, ist die Infektionsgefahr groß. Die schlechte Versorgung mit Blutgefäßen erschwert es dem Körper, Abwehrzellen, und der tierärztlichen Therapie, Antibiotika in das Sehnengewebe und damit an den Ort der Infektion zu bringen. Infizierte Sehnen oder Sehnenscheiden haben daher eine sehr schlechte Prognose. Um überhaupt eine realistische Chance zu haben, muß die Behandlung umgehend einsetzen und intensiv geführt werden. Pferde mit verschleppten oder nachlässig behandelten Sehneninfektionen sind fast immer verloren. Daher stellt jede Wunde im Sehnenbereich, auch die kleinste Verletzung, immer einen **Notfall** dar.

Spannsägenkonstruktion (Probleme)

Eine Besonderheit der Hinterbeine des Pferdes besteht in der Einfassung des Unterschenkelknochens zwischen zwei überwiegend sehnige Muskeln.

Auf der Rückseite der Gliedmaße verläuft, neben zahlreichen anderen Muskeln, Sehnen und Bändern, der oberflächliche Zehenbeugemuskel vom unteren Ende des Oberschenkels zum Fersenbeinhöcker des Sprunggelenkes (und vereinigt sich in seinem weiteren Verlauf mit der Sehne des tiefen Zehenbeugers). Er bildet einen Teil des Fersensehnenstranges. Als Gegenspieler erstreckt sich der *Fibularismuskel* vom Oberschenkel, dicht unter dem Kniegelenk, zum oberen Ende des Röhrbeines. Auf seinem Weg gibt er noch einen Seitenast an einen der Knochen des Sprunggelenkes ab. Diese als Spannsägenkonstruktion bezeichnete Struktur mit dem Unterschenkelknochen hat zur Folge, daß ein gesundes Pferd das Sprung- und Kniegelenk nur gleichsinnig bewegen kann: Ist das Knie gebeugt, muß auch das Sprunggelenk gebeugt sein und umgekehrt. Der Riß einer der beiden sehnigen Muskeln hebt diesen Mechanismus auf.

Dieses Geschehen betrifft gelegentlich den Fibularismuskel (*Fibularisriß*). Als **Ursachen** sind extreme Überstreckungen im Sprunggelenk denkbar, etwa bei Stürzen in schneller Gangart

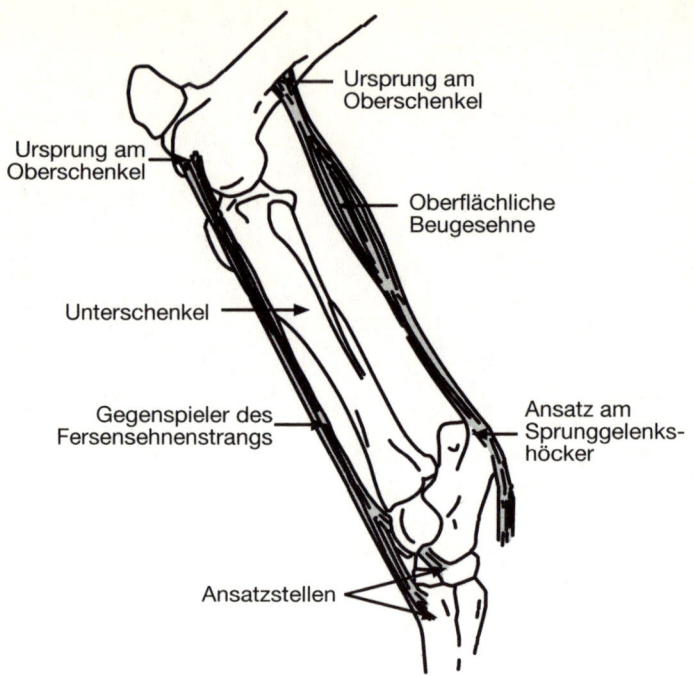

Ursprung am
Oberschenkel

Ursprung am
Oberschenkel

Oberflächliche
Beugesehne

Unterschenkel

Gegenspieler des
Fersensehnenstrangs

Ansatz am
Sprunggelenks-
höcker

Ansatzstellen

Spannsägenkonstruktion am Hinterbein des Pferdes – Knie und Sprunggelenk können nur gleichsinnig bewegt werden.

auf die nach hinten gestreckte Gliedmaße oder wenn das Bein eingeklemmt war und sich das Pferd gewaltsam zu befreien versuchte. Auch plötzliche schnelle Starts und spezielle Situationen in schwerem, hügeligem Gelände können zu einem Riß des Fibularismuskels führen.

Symptomatisch ist das Unvermögen, eine aktive Beugung des Sprunggelenkes vorzunehmen. In der Vorführphase hängt das Bein schlaff herab, ist aber nicht sehr schmerzempfindlich. Am aufgehobenen Bein kann man das Sprunggelenk bei gebeugtem Kniegelenk strecken. Typisch ist auch eine deutliche Faltenbildung der Haut über dem Fersensehnenstrang durch dessen mangelnde Spannung. Obwohl die Situation dramatisch erscheint, heilt die Verletzung nach einer etwa vier- bis sechswöchigen Boxenruhe und anschließender dosierter Erhöhung der Belastung durch Bewegung an der Hand in der Regel gut aus, ein operatives Eingreifen erübrigt sich meistens.

Seltener sind Risse des *oberflächlichen Zehenbeugers,* vermutlich aufgrund dessen Stabilisierung durch den Sehnenverbund im Fersensehnenstrang. Dieses Problem ergibt sich nach Stürzen auf die angewinkelten Hinterbeine, bei plötzlichen Stops mit weit unter den Leib geschobenen Beinen und beim steilen

Bergabritt auf schwerem Boden, der dem Pferd enorme Kräfte abverlangt, um nicht auszurutschen.

Man beobachtet eine Absenkung des Sprunggelenkes im Vergleich zum gesunden Bein und eine erhebliche Bewegungsstörung. Zerreißen auch die übrigen Anteile des Fersensehnenstranges, kann die Gliedmaße das Gewicht nicht mehr tragen. Eine Zerstörung des oberflächlichen Zehenbeugers wird mit fixierenden Stützverbänden über längere Zeit behandelt; ist der gesamte Fersensehnenstrang gerissen, gilt die Prognose als ungünstig.

Spat

Das kompliziert aufgebaute Sprunggelenk des Pferdes besteht aus mehreren in Etagen zusammengefügten Einzelknochen und bildet daher vier Teilgelenke. Von diesen ist aber nur eines beweglich und damit für die Beugung und Streckung im Sprunggelenk verantwortlich. Die übrigen sind durch Bänder und Bindegewebe nahezu unbeweglich zusammengefügt und werden daher als *straffe Gelenke* bezeichnet. Ihr Anteil an der Beweglichkeit des Gesamtgelenkes liegt bei weniger als 10 Prozent. Eine chronische Entzündung der Knochen und Knochenhaut dieser Sprunggelenksanteile führt zu mehr oder weniger umfangreichen, schmerzhaften Knochenzubildungen und wird im Endstadium als Spat bezeichnet.

An Spat erkranken zumeist ältere Pferde, deren Sprunggelenke durch starke dressurliche Beugung der Hinterhand, häufige Galoppaden, bestimmte Westerndisziplinen oder harte Arbeit im Geschirr übermäßig gestaucht werden. Auch deutliche Fehlstellungen der Gliedmaßenachse können die Wahrscheinlichkeit für eine Spaterkrankung erhöhen, wobei zierliche, kleine Sprunggelenke anfälliger sind als gutentwickelte und kräftige. Wie alle Krankheiten mit deutlichen Zubildungen der Knochensubstanz kommen auch Ernährungsfehler mit unausgewogener Mineralstoffversorgung als Ursache in Betracht.

In der Entwicklung der Spaterkrankung sind die Knochenzubildungen zunächst nur minimal, auf dem Röntgenbild sogar oftmals noch gar nicht nachweisbar, werden allmählich stärker

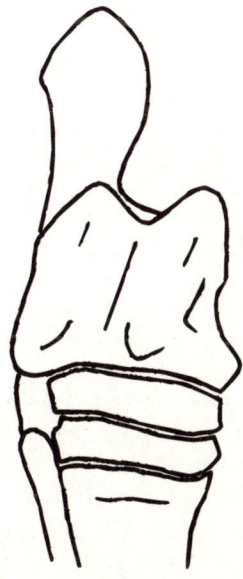

Spat bildet sich in den Gelenkspalten zwischen den kleinen Knochen des Sprunggelenks.

und schließlich hochgradig. In diesem Stadium ist in der Regel der *Spatabsatz,* eine stufenförmige, knochenharte Umfangsvermehrung im unteren Bereich der Innenseite des Sprunggelenkes, deutlich zu sehen.

Die Lahmheit wächst proportional zu diesen pathologischen Veränderungen. Zunächst verweigern die Pferde allmählich Mehrbelastungen des Sprunggelenkes, etwa das Drehen bei kleinem Radius, das Überwinden von Hindernissen und plötzliche Tempoänderungen. Der Beugeschmerz führt zu einem Vorführen der Hintergliedmaße bei möglichst gestreckter Haltung des Sprunggelenkes, wodurch die Bewegung des Hufes flacher und bei der Fußung die Zehe vermehrt belastet wird. Die Vorwärtsbewegung auf der gesunden Seite hingegen läuft ungestört ab oder wird im Gegenteil so gestaltet, daß dieses Bein das Körpergewicht im Verhältnis länger trägt. Der so entstehende unsymmetrische Gang läßt sich besonders von hinten beobachten.

Typisch ist die nach nächtlicher Boxenruhe oder Ruhetagen zunächst verstärkte Lahmheit des Pferdes, die sich nach einiger Zeit der Bewegung vielfach bessert oder ganz verschwindet. Reiter trösten sich dann mit der Formulierung, das Pferd laufe sich ein, die Krankheit könne wohl nicht besonders gefährlich sein. Das ist natürlich eine irrige Annahme und für das Pferd mit ständig wiederkehrenden Schmerzen verbunden. In späteren Stadien der Spaterkrankung laufen sich die Pferde kaum noch ein, die Lahmheit kann sich auch mit der Bewegung deutlich verstärken.

Als orientierende Untersuchung dient dem Tierarzt zunächst die Beuge-probe: Das vermutlich erkrankte Sprunggelenk wird durch starkes Beugen für eine bis zwei Minuten extrem belastet. Eine bestehende Spaterkrankung wird sich in der Regel durch deutlich verstärkte Lahmheit während der ersten Trabtritte, die direkt aus der Beugehaltung heraus erfolgen sollen, äußern. Zur Kontrolle beugt man auch das Sprunggelenk des anderen Beines.

Die Durchführung dieser Beugeprobe durch Laien ist nicht zu empfehlen. Eine sinnvolle Auswertung der Lahmheitsverstärkung ist gerade bei nur geringgradig oder undeutlich positiven Befunden nicht möglich, ohne den gesamten Vorbericht, das Alter des Pferdes und die Nebenbefunde mit einzubeziehen. Auch darf die Beugung nur mit einer bestimmten Druckintensität erfolgen. Viele ältere Pferde weisen geringgradige und letztlich wenig bedeutsame Knochenveränderungen im Sprunggelenk auf, können aber durch entsprechend grobes Vorgehen dennoch »lahmgebeugt« werden. Zur korrekten Beurteilung gehört viel Erfahrung. Außerdem sind bei einem für Laien offenbar bestehenden Spatverdacht auch andere Erkrankungen möglich, beispielsweise ein Bruch einer der Knochen des Sprunggelenkes oder ein Problem im Knie. Die Beugeprobe zur falschen Zeit kann dann viel Unheil anrichten.

Aus diesem Grund schließt der Tierarzt andere Erkrankungen diagnostisch aus und fertigt Röntgenbilder beider Sprunggelenke an. Spatsymptome können auch ohne deutliche Knochenveränderungen durch Entzündungen eines Schleimbeutels im Sprunggelenksbereich auftreten.

Da die Spaterkrankung weder aufzuhalten noch umkehrbar ist, zielt die **Therapie** darauf ab, den unvermeidlichen Prozeß der knöchernen Durchbauung in den Spalten der straffen Sprunggelenksanteile zu beschleunigen. Sind diese vollständig miteinander verwachsen, ist die Beweglichkeit des Sprunggelenkes zwar geringgradig eingeschränkt, wodurch sich Schwung und Raumgriff der Bewegung verringern. Dafür aber kommt die chronische Entzündung zum Stillstand, der Schmerz hört auf, und das Pferd geht wieder lahmfrei.

Zu diesem Zweck gibt es verschiedene operative Verfahren, bei denen die Gelenkknorpel entfernt werden. Danach dauert es mehrere Monate bis zu einem Jahr, bis sich das erwünschte Ergebnis einstellt.

Das früher oft praktizierte Blistern der Haut über dem Sprunggelenk wird aufgrund der mangelnden Tiefenwirkung und der großen Schmerzhaftigkeit für das Pferd nicht mehr empfohlen. Das Brennen in die Knochenspalten des Sprunggelenkes durch die Haut hindurch sollte durch operative Verfahren ersetzt werden.

Wird die Spatsymptomatik durch schmerzhafte Veränderungen an einem Schleimbeutel der über das Sprunggelenk verlaufenden Endsehne eines kleineren Muskels verursacht, kann diese Sehne (*Spatsehne*) operativ durchtrennt und damit der Druck auf den Schleimbeutel aufgehoben werden, wodurch eine Heilung zu erwarten ist.

Die therapeutischen Erfolge durch einen speziellen Beschlag (das Pferd soll zu einem Fußen über den inneren Tragrand veranlaßt werden) sind unterschiedlich und hängen vom Einzelfall ab.

Spinale Ataxie

Diese Bezeichnung ist ein symptomorientierter Sammelbegriff für verschiedene Störungen an Wirbelsäule und Rückenmark (*spinal*), die zu mehr oder weniger ausgeprägten Bewegungsunregelmäßigkeiten (*Ataxie*) bei Pferden führen. Spinale Ataxie wird auch als Wabbler-Syndrom bezeichnet.

Die Mehrzahl der Ursachen für eine spinale Ataxie ist im Bereich der Halswirbelsäule zu suchen, aber Veränderungen der Brust-, Lenden- und Schwanzwirbel sowie des Kreuzbeines sind ebenfalls möglich.

Die bei Jungpferden in den ersten beiden Lebensjahren auftretenden Verengungen der Halswirbel, die das Rückenmark unter Druck setzen, gehören zu den häufigsten Ursachen für eine spinale Ataxie. Die Verengung kann durchgängig bestehen oder sich bei bestimmten Halshaltungen, zumeist in der Beugung, verstärken.

Symptome: Die Patienten zeigen Schwächeanzeichen, Schwankungen in der Hinterhand, einen unsicheren Gang und meiden unangenehme Bewegungen. Bisweilen ist die Symptomatik sehr gering, dann wieder stärker ausgeprägt. In schweren Fällen wird ein plötzliches Zusammenbrechen durch mangelndes Stehvermögen der Vorderbeine beobachtet. In der Untersuchung scheint vielen Tieren die passive Anwinkelung des Halses oder das seitliche Abbeugen Schmerzen zu bereiten. Bei hochgradigen Veränderungen sind Stufenbildung oder andere Abweichungen in der Wirbelsäule von außen tastbar. Das Röntgen der Halswirbelsäule kann erste Aussagen zu Sitz und Umfang der Veränderungen erlauben und wird in einigen Fällen durch die Gabe von Kontrastmittel in den Wirbelkanal verbessert. Auf diesem Wege läßt sich der Grad der Rückenmarksschädigung genauer bestimmen.

Eine medikamentöse **Therapie** ist in den meisten Fällen nicht erfolgreich. Seit einigen Jahren werden Operationen durchgeführt, die eine Stabilisierung der Halswirbel zum Ziel haben oder komprimiertes Rückenmark entlasten können. Auch hier ist der Erfolg sehr vom Einzelfall abhängig. Wesentlich ist eine klare Perspektive zu der gewünschten Verwendungsfähigkeit des Patienten. Tritt das Problem im typischen Alter auf, sind die Tiere meist noch sehr jung. Daher sollten die wirtschaftlichen Aspekte des nicht ganz einfachen Eingriffs berücksichtigt werden, zumal oft nur eine weitere Zuchttauglichkeit erreicht werden kann (die Krankheit wird nach heutigem Wissensstand nicht vererbt), der sportliche Einsatz aber sehr fraglich ist. Die betroffenen Pferde bleiben vor allem sturz- und unfallgefährdet und stellen für den Reiter ein Risiko dar.

Ataxien können natürlich auch nach schweren Stürzen und anderen Unfällen auftreten, die eine Verletzung des Rückenmarks bewirkt haben. Sind dabei Kreuzbein und Schwanzwirbel betroffen, können Lähmungen von Harnblase und Enddarm mit Störungen beim Absatz von Kot und Harn sowie ein schlaffer Schweif auftreten. Liegt die Ursache in Weichteilschwellungen, auch des umliegenden Gewebes, sind die Therapieaussichten recht gut. Gebrochene Wirbelkörper sind jedoch in der Regel, vor allem bei erwachsenen Pferden, ein Grund für die Euthanasie.

Vergiftungen sind als **Ursache** für eine spinale Ataxie selten; häufiger kommen infektiöse Gründe in Betracht. Das Equine Herpesvirus 1 (EHV-1) kann außer Erkrankungen der Atemwege und Fehlgeburten tragender Stuten auch ausgeprägte nervale Ausfallserscheinungen bewirken. Auch hier treten Lähmungserscheinungen im Bereich von Harnblase, Enddarm und Penis auf, die Tiere zeigen Bewegungsstörungen und können zum Festliegen kommen. Diese Patienten haben dennoch eine gute Prognose, wenn sie symptomatisch versorgt und vor allem gut gepflegt werden. Die Verhinderung von Liegeschäden durch eine weiche Einstreu und regelmäßiges Wenden des Tieres sowie zeitweise manuelle Entleerungen von Darm und Blase mit Kathetern sind wichtig.

Wandernde Parasitenlarven, unter anderem auch Pferdestrongyliden, können gelegentlich in den Rückenmarkskanal eindringen und Ausfallserscheinungen unterschiedlichen Ausmaßes hervorrufen. Gelingt rechtzeitig die korrekte Diagnose, bilden sich die Störungen nach medikamentöser Behandlung meist zurück. Dazu verwendet man solche Wurmmittel, die nicht nur im Magen-Darm-Bereich wirken, sondern sich im gesamten Körper verteilen, etwa die Gruppe der Ivermectine.

Wird die Wirbelsäule durch umfangreiche äußere Wunden freigelegt und der Knochen durch Bakterien infiziert, kann er sich in größerem Umfang auflösen. Auch auf dem Blutweg verschleppte Bakterien aus anderen Infektionsherden im Körper können dafür die Ursache sein. Die geschwächten Wirbelknochen brechen unter Umständen teilweise ein, woraus sich erhebliche Störungen der Rückenmarksfunktion ergeben. Eine **Therapie** kann nur im Anfangsstadium erfolgreich sein und hängt daher aufgrund der verdeckten Lage des Infektionsherdes oft von Verdachtsuntersuchungen und Zufallsbefunden ab.

Steingallen

Steingallen bedeuten eine Entzündung der Huflederhaut im Sohlenbereich, die jedoch – im Gegensatz zum Hufabszeß – nicht eitrig ist (s. S. 57) und nur Teile der Lederhaut umfaßt (vgl. Hufrehe, S. 61).

Steingallen entstehen durch Quetschungen der empfindlichen Huflederhaut, die als weiche Struktur zwischen dem Sohlenhorn und dem harten Knochen des Hufbeines druckgefährdet ist. Als **Auslöser** kommt das feste Auftreten auf spitze Steine in schneller Gangart in Frage, daher auch der Name. Typisch ist, daß die Verletzung der Lederhaut nicht direkt durch den Stein erfolgt, sondern indirekt über die Stauchung durch das Sohlenhorn hindurch. Das Risiko ist erhöht bei solchen Pferden, die trotz abgelaufener Hufe und dünner Hornschicht nicht beschlagen werden.

Ursächlich für Steingallen können auch verschiedene Fehler bei der Zubereitung von Huf und Hufeisen sein. Wird die Eckstrebe zu sehr gekürzt, die Sohle zu stark abgetragen, ist die Lederhaut weniger gegen Druck geschützt. Zu enge Hufeisenschenkel, besonders in Kombination mit überlangen Beschlagsperioden, bringen die metallischen Kanten statt unter den Tragrand in die Eckstrebe hinein. An dieser Stelle werden sie bei jedem Schritt gegen die Eckstreben- und Trachtenlederhaut geprellt und können eine Steingalle bewirken. In Abhängigkeit vom Umfang des Schadens treten zunächst Blutungen auf, die nach einiger Zeit eintrocknen und bei späterem Beschneiden des Hufes entdeckt werden. Ist die Verletzung sehr ausgedehnt, bilden sich größere Mengen entzündlicher Flüssigkeit unter dem Horn. Diese Bereiche können sich sekundär mit Bakterien infizieren, wenn die trennende Hornschicht zu dünn ist.

Die Lahmheit ist unterschiedlich und hängt von Lokalisation und Ausmaß der Entzündung ab. In geringgradigen Fällen besteht sie nur kurze Zeit, der Patient gesundet von selbst. Hochgradige Veränderungen gehen mit deutlicher Lahmheit einher, das Pferd versucht den schmerzhaften Bereich bei der Fußung zu entlasten:

Liegt die Entzündung im inneren Bereich des Hufes, rollt das Tier in der Bewegung vermehrt über den äußeren Tragrand ab und umgekehrt. Steingallen im Trachtenbereich können mit deutlicher Zehenfußung angezeigt werden und so weiter.

Bei der Untersuchung mit der Hufzange ist vielfach eine deutliche Schmerzreaktion festzustellen, ohne daß diese jedoch auch auf einen bestimmten Bereich des Hufes zu begrenzen ist.

Die **Therapie** besteht neben einer symptomatischen Behandlung gegen Schmerz und Schwellung zunächst darin, Ursachen im Beschlag abzustellen. Wenn die Lokalisation es ermöglicht, werden extrem schmerzhafte Bereiche durch Einrichten einer Schwebe entlastet. Das Pferd darf erst nach vollständigem Verschwinden der Symptome wieder gearbeitet werden. Die Prognose ist gut, wenn noch keine Schäden am Hufbein aufgetreten sind. Eine Entzündung dieses Knochens kann sehr langwierig sein und die Hornbildung auf Dauer beeinträchtigen.

Strahlfäule

Strahlfäule ist eine bakteriell bedingte Erkrankung des Strahles, die offenbar überwiegend durch unhygienische Haltungsfaktoren bedingt wird. Schmutzige, jauchige Einstreu erhöht die Wahrscheinlichkeit für eine Erkrankung erheblich, ebenso ein durch übertriebenes Zurückschneiden geschwächter, verkümmerter Strahl. Besonders gefährdet sind Pferde mit steilen Hufen und Trachtenzwang. Nasse Weiden und lehmiger Untergrund ohne Beimengungen von Pferdekot und Urin scheinen unproblematisch zu sein. Trotzdem tritt Strahlfäule bei guter Stallhygiene fast nie in der trockenen Jahreszeit auf.

Da das zerklüftete Hufhorn allen Bakterien gute Lebensbedingungen bietet, sind auch Fäulniskeime immer vorhanden und die Strahlfäule in diesem Punkt relativ: Kleinere bakterielle Herde finden sich an den Hufen vieler Pferde, aber gute Hufpflege und trockene Einstreu sorgen dafür, daß diese Veränderungen nicht außer Kontrolle geraten.

Im negativen Fall werden die Strahlfurchen zunehmend feucht, die schmierigen, übelriechenden Stellen nehmen zu. Durchdringt die Entzündung das verhornte Gewebe und gelangt auf die Lederhaut, kann diese infiziert werden und der Fäulnisprozeß unter der Hornkapsel fortschreiten.

In diesem Stadium ist auch eine deutliche Lahmheit vorhanden. Vorher sind die Pferde in der Tiefe der Strahlfurchen schon schmerzempfindlich, wenn die Lederhaut freiliegt.

Die **Behandlung** besteht im Abtragen aller veränderten Hornanteile, im Bedarfsfall bis auf die Lederhaut. Dann werden in die Nachbehandlung auch die Maßnahmen bei Hufabszeß einbezogen (s. S. 57). Ansonsten trägt man Stoffe auf, die bakterizid wirken und den Bakterien durch Austrocknung die Lebensgrundlage entziehen. Dafür gibt es zahlreiche Rezepte. Bekannt sind Phenol, Jodtinktur, Formalin, Kupfersulfat und Sulfapyridin. Die schnellste Wirkung bei unkomplizierter Anwendung und geringer Giftigkeit dürfte das wiederholte Auftragen von 10-prozentigem Jodoformäther haben, der zugleich desinfiziert und stark austrocknet. Mit dieser Flüssigkeit getränkte Watte kann tief in die Strahlfurchen einmassiert werden. Sauberkeit und trockene Einstreu sollten darüberhinaus selbstverständlich sein, wobei sich Hobelspäne offenbar günstiger auswirken als Stroh.

Es ist von großer Bedeutung, den Huf durch geeignete Korrekturen zu weiten, da enge Hufe besonders anfällig für Strahlfäule sind.

Strahlfäule im fortgeschrittenen Stadium muß unbedingt vom Hufschmied oder Tierarzt kontrolliert werden. Ist die Lederhaut bereits betroffen, sollte der Tierarzt eine Behandlung vornehmen.

Die Prognose ist gut, wenn die Lederhaut noch nicht freigelegt wurde. Eine freigelegte oder infizierte Lederhaut erschwert die Behandlung und ist für den Patienten schmerzhaft.

Überbeine

Als Überbeine bezeichnet man knöcherne Zubildungen. Sie können in ihrer Entstehungsphase zusätzlich von derbem Bindegewebe umgeben sein. In Abhängigkeit von den verschiedenen **Ursachen** treten sie überwiegend an der Innenseite der Vorderbeine auf, aber auch andere Lokalisationen an den Gliedmaßen sind möglich.

Überbeine können durch Schläge auf den Knochen entstehen. An der Innenseite des Röhrbeins liegt die Ursache dann meist im Streichen oder Greifen, also Verletzungen, die sich das Pferd mit dem gegenseitigen Huf selbst zufügt. Achsenabweichungen der Vorderbeine nach innen und mangelhaft gepflegte Hufe erhöhen die Wahrscheinlichkeit für ein solches Geschehen. An der Außenseite der Beinknochen sind das Anschlagen gegen scharfkantige Gegenstände oder Tritte anderer Pferde meist der Auslöser. Die gereizte Knochenhaut reagiert mit einer Entzündung und der vermehrten Bildung von Knochengewebe, die sich als wulstige Zubildung zeigt. Auch das umliegende Bindegewebe verdickt sich.

Überlastungsbedingte Überbeine entstehen in der Mehrzahl an der Innenseite der vorderen Röhrbeinknochen von Jungpferden zur Zeit des Anreitens, bei Rennpferden also im Alter zwischen zwei und vier Jahren, bei sonstigen Reit- und Sportpferden eher mit drei bis fünf Jahren.

Zum Verständnis dieser Erkrankungsform muß man sich die Anatomie des Pferdebeines vergegenwärtigen: Die seitlich-hinten am Röhrbein gelegenen Griffelbeine sind mit diesem durch ein sehr straffes Zwischenknochenband fest verbunden. Zugleich besteht aber eine gewisse Beweglichkeit dadurch, daß das obere Ende des Griffelbeines Teil des Vorderfußwurzelgelenkes ist und daher an jeder Bewegung in geringem Umfang teilnimmt. Der Bereich zwischen Röhrbein, Griffelbein und dem beide verbindenden straffen Band ist anfällig für Überlastungen und reagiert darauf mit einer Entzündung, die über eine Reizung der Knochenhaut

Überbeine können durch Verknöcherungen im Bereich der Röhrbein-Griffelbein-Bänder entstehen, vor allem bei übertriebener reiterlicher Belastung junger Pferde.

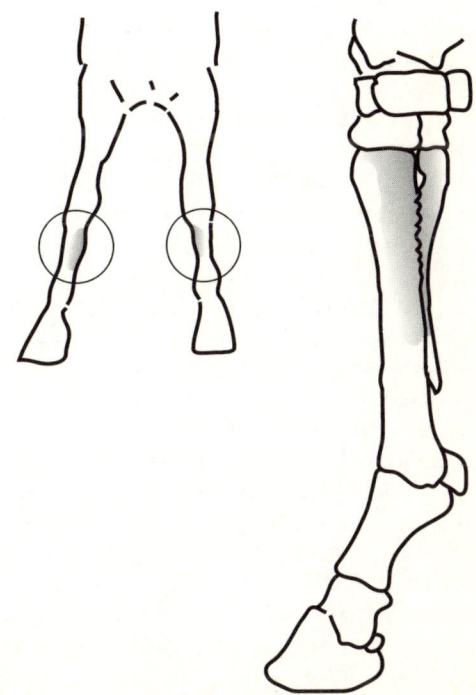

des Griffelbeines zu Knochenzubildungen an demselben führt sowie zu Verknöcherungserscheinungen am Zwischenknochenband.

Die entstehende Lahmheit kann zunächst geringgradig sein, sich nur im Trab äußern und ohne sichtbare Veränderungen am Bein beginnen. Erst später sieht der Reiter eine längliche Verdickung zwischen Griffelbein und Röhrbein, oft verbunden mit Wärme und Druckempfindlichkeit. Die bevorzugte Lage dieser Veränderungen ist etwa handbreit unter dem Vorderfußwurzelgelenk.

Die Bildung von Überbeinen durch Überlastung oder Schläge auf die Knochenhaut wird offenbar durch Mineralstoffmängel in der Ernährung gefördert, besonders durch Kalzium- und Magnesiummangel. Als alleinige Ursache scheinen Ernährungsfehler jedoch unwahrscheinlich zu sein. Vielmehr treten Überbeine vermehrt bei besonders schnell wachsenden Jungpferden auf, deren Mineralstoffversorgung relativ zu der Zunahme der Körpermasse gering ist und deren Skelett zugleich sehr früh ein hohes Eigengewicht des Tieres verkraften muß.

Die **Untersuchung** durch den Tierarzt zielt darauf ab, andere Erkrankungen auszuschließen, etwa einen Griffelbeinbruch (s. S. 51) oder, bei sehr gelenknahen Überbeinen, einen Bruch im Gelenkbereich. Dann wird das Überbein durch Röntgenaufnahmen möglichst genau dargestellt. Die Ergebnisse sind entscheidend für die **Therapie:**

Ist das Überbein offenbar durch einen Schlag oder Tritt oder durch Streichverletzungen an der Innenseite des Beines hervorgerufen worden und besteht keine akute Lahmheit, ist abzuschätzen, ob eine weitere Umfangsvermehrung Nachbarstrukturen des Beines beeinträchtigen kann, beispielsweise den Fesselträger oder ein Gelenk. Besteht von dieser Seite keine Gefahr, ist das Überbein als Schönheitsfehler zu betrachten und muß nicht behandelt werden, wenn der Besitzer dies nicht aus optischen Gründen wünscht.

Bei Eigenverletzungen sollte durch entsprechenden Beschlag auf eine schonende Verbesserung der Fußung oder eine Reduzierung des Verletzungsrisikos hingearbeitet werden.

Überbeine im Bereich des Griffelbeines führen zu Lahmheiten oder beeinträchtigen den Fesselträger.

Es gibt zahlreiche **Behandlungsmethoden.** Alle zielen darauf ab, die Entzündung, die die Knochenzubildung bewirkt, zum Stillstand zu bringen und die Zubildung zumindest teilweise zurückzudrängen. Verschiedene Medikamente zur Allgemeinbehandlung und lokalen Therapie, Einreibungen und physikalische Maßnahmen (Kälte, Wärme, Bestrahlungen) kommen zum Einsatz. Die Patienten müssen mehrere Wochen ruhiggestellt werden und danach natürlich durch ein besonders schonendes Training wieder aufgebaut werden. Eine operative Entfernung der Überbeine ist vergleichsweise selten erforderlich, in Einzelfällen aber unumgänglich.

Die **Prognose** ist von der Ursache und Größe des Überbeines abhängig und in der Regel günstig.

Entscheidend bleibt die **Vorbeugung:** eine bedarfsgerechte Fütterung mit ausgewogener Mineralstoffversorgung und das schonende Anreiten des Jungpferdes.

Zügellahmheit

Dieser Ausdruck gehört, wie auch die Bezeichnung *Taktfehler,* zu den medizinisch nicht definierten Formulierungen.

Trotzdem hat er sich in der Reitersprache eingebürgert und soll Lahmheiten beschreiben, die vom Pferd angeblich während des Reitens nur vorgetäuscht werden, in Wirklichkeit aber keine krankheitsbedingte Ursache haben. Auch bei wohlwollender Betrachtung seiner Intelligenzleistungen kann man dem ursprünglich in Herden lebenden Flucht- und Steppentier Pferd ein solch abstrakt-berechnendes Verhalten nicht zutrauen.

Das Wort »Taktfehler« wird hingegen häufig zur Bagatellisierung vermeintlich geringgradiger Bewegungsstörungen benutzt, klingt es doch gleich viel freundlicher als »Lahmheit«. Vor allem eine nicht paarige Fußfolge des trabenden Pferdes und ein Galopp im Viertakt werden offenbar häufig so bezeichnet. Vor dieser Verharmlosung muß ausdrücklich gewarnt werden.

Im übrigen sind vor allem Rückenprobleme dafür verantwortlich, daß sich Pferde zeitweise oder beim Freilaufen ohne Reiter störungsfrei bewegen. Dann können aber wieder Phasen mit geringgradiger oder mittlerer Lahmheit auftreten.

Schließlich sei das sogenannte *Einlaufen* nach Boxenruhe oder sonstiger Ruhigstellung des Pferdes, besonders am Tag nach besonderen Belastungen, erwähnt. Eine zu Beginn des Reitens auftretende Lahmheit, die sich nach einiger Zeit bessert, bleibt trotzdem eine Lahmheit und deutet in der Regel auf arthrotische Veränderungen, etwa Spat oder Schale, oder auf vorhergegangene Überlastungen des Bandapparates hin. Ihre Ursache muß abgeklärt werden, und bis dahin ist das Pferd als nicht reittauglich zu betrachten.

Also: Entweder läuft ein Pferd an der Hand und unter dem Reiter lahmfrei, dann ist es beingesund und kann geritten werden. Oder es lahmt, dann hat es Schmerzen und gilt bis zur Abklärung der Ursache durch den Tierarzt als nicht reitbar. Dazwischen gibt es nichts!

Alles halb so schlimm?

Dieses Buch ist als praxisnaher Ratgeber konzipiert, der Anleitung und Hilfe in jenen typischen Alltagssituationen bietet, die im Zusammenhang mit lahmenden Pferden immer wieder auftreten. Befreundete Reiterinnen und Pferdehalter haben daher ihre Erfahrungen, aber auch Anregungen und Kritik beigesteuert, für die ich mich herzlich bedanke.

In diesem Zusammenhang wurde ich mehrfach mit der Frage konfrontiert, ob meine Einschätzung der Prognose für die jeweiligen Krankheiten nicht übermäßig schlecht sei. Damit werde ein äußerst dunkler, wenig optimistischer Blick auf die Lahmheiten unserer Pferde aufgebaut.

Dieser Betrachtung muß ich jedoch aus verschiedenen Gründen widersprechen. Gesunde Gliedmaßen sind für Pferde, die von uns schließlich ganz überwiegend als Lauftiere geschätzt und genutzt werden, von derart existentieller Bedeutung, daß man gar nicht vorsichtig genug damit umgehen kann. Ohne gesunde Beine läuft buchstäblich nichts im Pferdesport.

Die moralisch sicher hochwertige Betrachtung der verantwortungsbewußten, aber zahlenmäßig kleinen Schar von Reitern und Pferdehaltern, die ihrem Tier auch in kranken Tagen und bei reiterlicher Unbrauchbarkeit die Treue halten, verstellt leider den Blick auf das Schicksal der Mehrzahl der von Menschen genutzten Pferde. Denn nicht nur im immer wieder klischeehaft angeführten »großen Sport« ist das Pferd leider vielfach ein belebter Gegenstand, der zu funktionieren hat. Diese nüchterne Betrachtungsweise gilt darüber hinaus auch für die zahlreichen Pferde, mit denen Menschen in einem ausufernden Freizeitbereich unter harten Konkurrenzbedingungen Geld verdienen. Vor allem gilt sie nach meiner persönlichen Erfahrung überraschenderweise auch für viele Hobbypferdehalter.

Die Toleranz gegen zeitweiligen Nutzungsausfall oder gar ein Gnadenbrotdasein für alte und kranke Pferde ist also im Ganzen leider nur gering ausgeprägt.

Daher verbietet sich jede Leichtfertigkeit im Umgang mit Lahmheiten von selbst. Ich möchte von diesem Krankheitsgeschehen, das zu den drei häufigsten überhaupt gehört und letztlich viele Pferde aus den geschilderten Gründen das Leben kostet, kein zeit- und medienkonformes light-and-easy-Bild aufbauen.

Das gilt insbesondere vor dem Hintergrund, daß kein Buch die Untersuchung durch den Tierarzt ersetzen kann. Bis dieser Fachmann den Reiter also gegebenenfalls beruhigen kann, daß die im Einzelfall aufgetretene Krankheit glücklicherweise weniger gravierend ist, als zunächst vermutet, müssen wir sie zum Wohle unserer Pferde sehr ernst nehmen.

Zum Weiterlesen

BARTZ, J. (1996): Bis der Tierarzt kommt – Erste Hilfe für Pferde; Kosmos Verlag, Stuttgart

BARTZ, J. (1996): Hilfe, mein Pferd hustet; Kosmos Verlag, Stuttgart

BARTZ, J. (1996): Kräuter-Apotheke für Pferde; Kosmos Verlag, Stuttgart

DIETZ, O. und E. WIESNER (1982): Handbuch der Pferdekrankheiten für Wissenschaft und Praxis; Verlag Karger, Basel, München

ETTL, R. (1997): Das Einmaleins der Hufpflege; Kosmos Verlag, Stuttgart

FELDMEIER, Ch. (1988): Grundlagen der Sporttraumatologie; Zenon-Medizin-Verlag, München

FISCHER, A. (1993): Der Fuß des Pferdes; Verlag Schaper, Hannover

GERBER, H. (1994): Pferdekrankheiten, Bd. 1; Verlag Ulmer, Stuttgart

GRAY, P. (1997): Die Lahmheiten des Pferdes; Kosmos Verlag, Stuttgart

HERMANS, W. A. (1992): Hufpflege und Hufbeschlag; Verlag Eugen Ulmer, Stuttgart

HERTSCH, B. (1992): Anatomie des Pferdes; FN-Verlag, Warendorf

HICKMAN, J. (1983): Der richtige Hufbeschlag; BLV Verlagsgesellschaft München, Wien, Zürich

KASPER, A. (1994): Hufkurs für Reiter; Kosmos Verlag, Stuttgart

KÖRBER, H.-D. (1997): Huf, Hufbeschlag, Hufkrankheiten; Kosmos Verlag, Stuttgart

PRIETZ, G. (1985): Huf- und Klauenkunde mit Hufbeschlagslehre; Verlag Karger, Basel, München

ROSSDALE, P. (1994): Pferdezucht; Kosmos Verlag, Stuttgart

RUTHE, H. (1988): Der Huf; Verlag G. Fischer, Jena, Stuttgart

STASHAK, T. S. (1989): Adams Lahmheiten bei Pferden; Verlag Schaper, Hannover

STRASSER, H. (1994): Die praktische Arbeit am unbeschlagenen Huf; Beate Danker-Verlag, Friedberg

STRASSER, H. (1991): Huforthopädie; Beate Danker-Verlag, Friedberg

WINTZER, H.-J. (1982): Krankheiten des Pferdes; Verlag Paul Parey, Berlin, Hamburg

Zum Nachschlagen